그 림 책
예술놀이

| 일러두기 |

이 책의 맞춤법은 표준국어대사전을 따랐으나 그림책의 제목이나 그림책에 실린 표현의 경우, 원출판사의 표기법을 따랐습니다.

이 책에 실은 그림책의 표지와 그림, 글은 원출판사의 허락을 구하여 실었습니다.

집중력·상상력·창의력·표현력이 보너스로 따라오는 신나는 놀이

그림책 예술놀이

이지현 지음

SOULHOUSE

추천의 글

어른도 재미있는, 어른이 더 재미있는 그림책 예술놀이

///

꽃님에미 전은주

몇 년 전, 어느 도서관에서 이지현 선생님의 성인 대상 그림책 예술놀이 수업을 들었습니다. 수업 중에 도무지 참을 수가 없어서 몰래 그림책 관련 활동을 하는 지인들에게 메시지를 보냈어요. '앞으로 수업이 2회 더 남았으니 빨리 신청하고 들으세요!' 하고요.

그날 저는 해당 도서관의 요청으로 개설 강의들을 모니터링하던 중이었습니다. 그런데 문득 정신을 차려 보니 제가 업무를 잊고 신나게 놀고 있는 겁니다. 감동적인 그림책 강의는 많습니다만 이렇게 어른을 신나게 놀게 만드는 경우는 처음이었지요. 심지어 눈물을 흘리기까지 했습니다. 저를 울린 이지현 선생님의 질문은 이것이었습니다.

"콘센트가 전은주 님에게 뭐라고 말하던가요?"

웃긴 질문이죠? 그렇습니다. 이지현 선생님의 그림책 예술놀이 수업은 웃긴 질문으로 가득했습니다. 그리고 그 웃긴 질문에 진지하게 대답하게 만드는 힘도요. 함께 그림책을 읽고 선생님이 이끄는 대로 몸놀이를 좀 한 것뿐인데, 어느새 저는 주변 사물들이 제게 하는 말이 들리는 놀라운 경험을 했습니다. 그날 그림책 속 콘센트는 제게 이렇게 말했어요.
"안 쓸 땐 플러그 뽑아 놔. 늘 긴장해 있지 말고 좀 쉬어도 돼."
그날 이후, 콘센트의 말이 더는 들리지 않지만 전 제 마음이 제게 하는 말을 잘 들을 수 있게 되었습니다.

그날 이지현 선생님의 수업을 추천한 이유는 무슨 그림책 놀이 방법을 배우라는 뜻이 아니었어요. 그림책 활동을 하는 분, 즉 금술님들은 모두 아시겠지만 그림책은 매우 뛰어난 학습과 힐링과 성찰의 도구입니다. 그런데 이지현 선생님의 그림책 놀이 수업은 그것을 넘어 그림책 자체에 대한 영감을 주었습니다. 애초에 그림책이 왜 존재하는지, 다시 생각나게 했지요. 그림책은 재미와 감동을 준다는 것을요.
《그림책 예술놀이》이 역시 그림책 놀이를 어떻게 해야 재미있고 효과적인지, 예술놀이라는 새로운 범주 안에서 여러 수업 내용을 잘 소개하고 있습니다. 그리고 이 책의 진짜 장점은 어떻게 해야 재미를 끌어낼 수 있는지, 아니 함께 재미있게 놀 수 있는지, 그 에너지와 마인드를 일깨워 준다는 데 있습니다.

책을 읽는 동안 제 아이들, 제 지인들과 하고 싶은 그림책 예술놀이가 자꾸 생각납니다. 제 아이들은 열여덟, 스물두 살인데요! 움찔움찔, 신나게 놀 생각에 몸이 들썩이네요. 이제 그림책으로 놀러 가야겠습니다.

추천의 글

손잡고 한바탕 놀고 싶은 사람
여기 여기 모여라!

///

그림책 작가 밤코

그림책은 어른과 아이들이 함께 보고 이야기 나누기 좋은 장르입니다. 그렇지만 글이 적다는 이유로 오래 두고 보지 않는 책, 영유아가 읽는 쉬운 책으로 치부되기도 하지요. 그림책의 이런 속상한 마음을 듣기라도 한 듯 그림책을 뜯고 씹고 맛보고 오래 두고 놀아 보자고 손짓하는 책이 나왔습니다. 이 책이 알려 주는 놀이 방법을 통해 놀다 보면 그림책을 더 깊게 이해할 수 있고, 나아가 예술을 어떤 방식으로 몸과 마음에 체화시켜 나가는지를 배울 수 있게 됩니다. 예술놀이로 시선을 확장하고 생각의 폭을 넓히는 마법을 경험하게 되는 것이지요.

제 어린 시절을 돌아보면 언제나 예술에 목말라 있었습니다. 더 알고 싶고 더 배우고 싶었지만 공교육 안에서 예술 시간은 턱없이 짧았고, 예비 수험생이 되었을 때는 그 시간마저 없어지고 말았습니다. 보통의 학생에게 예술을 경험할 기회는 생각보다 쉽게 찾아오지 않았지요.

먹고살기 힘든 세상에 예술이 다 무슨 소용이냐고요?
과연 배부르고 등 따스한 것만으로 충분히 잘 살고 있다 이야기할 수 있을까요? 나와 타인을, 그리고 세계를 이해하는 마음은 어디에서 누구에게 배워 나가야 할까요? 예술은 우리에게 밥과 옷, 집이 되어 주지는 못하지만, 마음을 풍요롭게 하고 나를 알게 하고 남과 어우러져 사는 법을 알려 주기도 합니다. 예술이 주는 넉넉한 기쁨은 자라나는 아이들이 마땅히 누려야 할 권리이고, 그 달콤한 맛을 알려 주는 것은 어른의 당연한 의무이지요.

이 책은 아이들을 풍요의 세계로 이끌어 주고 싶은 어른을 위한 족집게 예술놀이 비법서입니다. 아이들은 몸으로 놀면서도 배우고 자라납니다. 보고 듣는 것은 금방 잊어버리지만 몸으로 배운 기술은 언제라도 기억해 내고 말지요. 읽는 것에서 그치지 않고 오감으로 놀아 본 경험이 값진 이유입니다. 풍요의 바다를 온몸과 마음으로 헤엄쳐 본 아이들은 미래에 얼마나 따뜻한 세상을 펼쳐 보일까요? 벌써 두근거리는 마음으로 그날을 기다리게 됩니다. 다가올 엄청난 세상을 위해 그림책 세계를 확장해 오랫동안 아이들과 놀다가 이제는 기꺼이 그 비법을 나누어 주겠노라 이 책을 쓰신 이지현 선생님께 힘찬 박수와 응원을 보냅니다. 우리는 잘 차려져 있는 밥상을 받았습니다. 이제 숟가락을 들어 아이들과 함께 맛있게 나누어 먹으면 됩니다.

손잡고 한바탕 놀고 싶은 사람 여기 여기 모여라!

머리글

참 다정한
그림책 예술놀이 안내서가 되길
희망합니다

금술가. '그림책 예술놀이 활동가'를 줄인 말입니다. 이 책을 쓰면서 제가 만든 신조어이지요. 학교에서 학생들과 놀고 싶은 선생님, 유치원, 초·중·고등학교, 도서관, 지역센터, 복지관 등 다양한 곳에서 그림책으로 활동하고 있는 활동가님, 그림책으로 아이와 놀고 싶은 부모님들을 부르는 저만의 애칭입니다. '금술가'라는 줄임말 속 '금술'이라는 단어는 '금실을 몇 겹으로 꼬아서 만든 술'이라는 뜻도 가지고 있습니다. 그림책과 예술놀이가 사이좋게 꼬여 있는 그 중요한 부분에 우리 금술님들이 있다는 의미로 해석해도 좋을 것 같아요.

그림책과 놀이는 떼려야 뗄 수 없는 관계입니다. 그림책을 읽으면 아이들은 자연스럽게 놀게 될뿐더러 아이들에게 다양한 놀이 방법을 안내하는 주체 역시 그림책이기 때문입니다. 하지만 '어른인 우리가 그림책을 읽고 아이들과 어떻게 놀까?'는 이와는 조금 다른 이야기입니다. 어른의 그림책 놀이는 처음 시작은 놀이였더라도 놀다 보면 어느새 교훈적인 메시지를 담거나 교육적인 활동으로 변하기 쉽습니다. 분명 즐겁고 가벼운 놀이가 될 줄 알았는데 막상 놀다 보면 무겁고 정적인 놀이가 되어 아이들의 흥미가 떨어지기도 합니다. 의도와는 다르게 놀이가 흘러가는 것은 바로 우리가 '함께' 놀지 못하고 '놀아 주려' 했기 때문입니다. 놀이를 '단순한 놀이'가 아니라 어떤 의도를 가진 '결과물을 위한 활동'으로 접근하기 때문입니다.

현장에서 활동하는 금술가라면 그냥 논다는 게 얼마나 쉽지 않은 일인지 아실 겁니다. 활동 기관에서 특정한 결과물을 원하기도 하고, 구체적인 메시지를 아이들에게 전달하거나 목적을 가지고 노는 시간이 되길 희망하기도 하니까요. 하지만 우리는 잊지 말아야 합니다. 그림책으로 자유롭게 상상하고 즐겁게 표현하며 놀려면 아이들이 만들어 가는 놀이에 '풍덩!' 함께 빠져야 한다는 사실을 말입니다.

종종 교사나 학부모, 활동가를 대상으로 한 강의를 마치고 이런 말을 들을 때가 있습니다. "선생님이 우리 아이 학교에 오셨으면 좋겠어요." 그럴 때마다 저는 이렇게 대답합니다. "저도 우리 아들들이 다니는 학교에 저 같은 선생님이 오셨으면 좋겠어요. 제 아이들도 그림책으로 친구들하고 못 놀아 봤거든요." 하고요. 우스갯소리 같지만 진담이 섞인 대답입니다.

저는 제가 하는 그림책 예술놀이를 더 많은 금술가들이 새롭게 시도하고 변형하고 확산하여 우리 아이들이 '당연하고, 자연스럽게' 그림책 예술놀이를 경험하면 좋겠습니다. 도서관이나 센터, 복지관, 우리 아이들이 다니는 유치원, 초등학교는 물론 중·고등학교에서도 그림책이 펼쳐지고 정답 없는 예술놀이를 즐길 수 있기를 희망합니다.

이 책을 처음 쓰기 시작했을 때 제가 지은 제목은 《참 다정한 그림책 예술놀이 안내서》였습니다. 그림책과 예술 사이에서 내 아이가 한 번쯤 경험했으면 하는 그림책 예술놀이를 다정하게 안내하고 싶었거든요. 솔직히 고백하건대, 지금껏 해 왔던 그림책 놀이가 매번 성공적이진 않았습니다. 놀이를 마무리한 후에 뿌듯하지 않은 때도 있었지요. 하지만 집으로 돌아오는 길에 맥없는 걸음을 이겨내고 실패한 놀이 활동 안에서 새로운 놀이 방법을 탐색했고, 예술놀이 활동가로서 자존감을 잃지 않기 위해 부단히 노력했습니다.

그 치열한 시간과 쉽지 않은 과정을 통해 만든 결과물을 이제 금술가들께 다정하게 알려드리려고 합니다. 이 책을 펼쳐 읽을 때 머릿속에 그림책과 함께하는 예술놀이 모습이 그려지면 좋겠습니다. 생각보다 크고 진한 제 마음이 금술님들께 닿아 다정한 안내서이자 힘이 되는 설명서로 읽히길 희망합니다. 이 책에 담은 저의 놀이 방법과 노하우가 작게나마 도움이 된다면 그동안 그림책으로 육아 에너지를 쌓아 온 엄마이자 그림책을 매일 읽으며 기록하는 작가, 그림책으로 16년 동안 학생들과 만나 온 예술 강사인 제게 큰 보람과 기쁨이 될 것입니다.

오후 여섯 시가 넘으면 저녁상만 덩그러니 차려 놓고 노트북 가방을 든 채

"엄마 다녀올게. 먹고 설거지하고 정리하고 썻고 잘 시간에 맞춰 이불 깔고 잘 자. 참, 가스 밸브 확인!" 하고 현관문을 나섰습니다. 이런 엄마의 뒷모습에 "오늘 안 가면 안 돼?"라는 말을 속으로 삼키며 "다녀오세요!" 하고 인사해 주던 세 아들 - 나의 소중한 첫째 아들 창건, 세상 둘도 없이 멋진 둘째 아들 찬호, 나의 마지막 사랑 현택에게 미안하고 고마운 마음을 전합니다. 또 아내인 나를 단련시켜 주고 가끔은 정신이 번쩍 드는 말을 건네주는 남편 천일 오빠에게도 늘 미안하고 고맙다는 인사를 하고 싶습니다.

가족 외에도 감사한 분들이 너무나 많지만, 그분들께는 따로 감사 인사를 진하게 전하겠습니다. 이 글을 보고 '혹시… 나인가?' 하는 생각이 드신다면 맞습니다. 바로 당신입니다. 여러분(그대/선생님/작가님/언니/아이 친구 엄마/동생/동창/선배/동기/후배/독자님/SNS 친구님) 덕분에 지금의 제가 있습니다. 늘 아셋맘을 지켜봐 주시고 응원해 주셔서 감사합니다.

마지막으로 세상에서 가장 빛나는 이야기를 쓰고 그려 주시는 그림책 작가님들께 감사드립니다. 작가님의 귀중한 그림책 덕분에 우리 모두가 웃고, 울고, 행복하고, 힐링하고, 깨닫고, 이야기 나누며 오늘도 즐겁게 놀고 있습니다.

2022년 12월,
아셋맘 이지현

목차

추천글 어른도 재미있는, 어른이 더 재미있는 그림책 예술놀이 · 4
추천글 손잡고 한바탕 놀고 싶은 사람 여기 여기 모여라! · 6
머리글 참 다정한 그림책 예술놀이 안내서가 되길 희망합니다 · 8

Part 1

그림책으로 신나게 놀아 봅시다

1. 놀이인 듯, 놀이 아닌, 놀이 같은 독서 활동 · 20
2. 언제까지 그림책을 읽어야 할까? · 26
3. 예술적으로 상상하며 논다는 것 · 30
4. 그림책으로 표현하며 논다는 것 · 33
5. 그림책과 함께 예술적으로 놀기 · 38
6. '오프라인' 그림책 예술놀이를 할 때 · 42
7. '온라인' 그림책 예술놀이를 할 때 · 47
8. 그림책으로 예술놀이를 하고 싶은 금술가들께 · 51
9. 그림책과의 첫 기억 재미있게 만들기 · 57

Part 2

그림책 예술놀이 방법들

Chapter 1. 움직이며 노는 그림책 예술놀이

나만의 춤을 추며 놀기

고양이춤 · 70
춤바람 · 72
춤을 출 거예요 · 74
춤 · 78
난 나의 춤을 춰 · 78
눈 속에서 춤을 · 79
밥·춤 · 79

내 몸과 함께 놀기

알록달록 손바닥 친구 · 80
나에겐 비밀이 있어 · 83
재미있는 내 얼굴 · 86
나의 손 · 88
손이랑 놀아요 · 88
변신 요가 · 89
몸의 기분 · 89

Chapter 2. 그리고 색칠하며 노는 그림책 예술놀이

점, 선, 면 그리며 놀기

진짜 내 소원 · 92
쉿! 비구름 · 94
범 내려온다 · 96
별 별 초록별 · 99
걱정머리 · 101
문제가 생겼어요 · 103
호로록 쩝쩝! · 103

커다란 커다란 · 104
만만해 보이지만 만만하지 않은 · 104
내가 그림을 그리면 · 105
동그라미 세모 네모 나라의 임금님 · 105

색깔을 가지고 놀기

자연의 색깔 · 106
꽃이 온다 · 108
비빔밥 꽃 피었다 · 110
축하합니다 · 112
색과 무늬의 비밀 · 114
나와라 파랑! · 116
색을 상상해 볼래? · 117
세상은 색으로 가득해요 · 117

Chapter 3. 한 장면으로 노는 그림책 예술놀이

한 장면으로 상황극 하며 놀기

코끼리 미용실 · 120
100원짜리만 받는 과자 가게 · 123
걱정 상자 · 126
색을 파는 가게 · 129
두근 두근 처음가는 미용실 · 129

한 장면 속 글 읽으며 놀기

뚱보 임금님 세종의 굵적굵적 말놀이 · 130
호랑이 잡은 피리 · 133
일곱 마리 아기 염소, 요 녀석들 · 136
마법 시장 · 138
하나 둘 셋 찰칵! 김치, 치즈, 카프카 · 140
최고의 이름 · 141

그림책 표지로만 놀기

먹고 말 거야! · 142

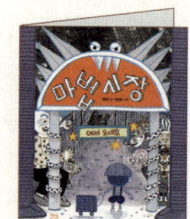

비 안 맞고 집에 가는 방법 · 144
똑똑똑 · 146
빵 공장이 들썩들썩 · 148
아빠 자판기 · 150
괜찮아 아저씨 · 151

Chapter 4. 냠냠 꿀꺽 맛있게 노는 그림책 예술놀이

그림책 속 음식 만들며 놀기

깔깔주스 · 154
채식 흡혈귀 딩동 · 156
평범한 식빵 · 158
김철수빵 · 160
우리 동네 달걀왕 · 162
재미있게 먹는 법 · 162
마음요리 · 163
된장찌개 · 163

Chapter 5. 그림책 자체로 노는 그림책 예술놀이

그림책 자체로 흥미유발하며 놀기

무리 · 166
FERRARI HIDE & SEEK 페라리를 찾아라! · 169
올빼미일까 부엉이일까? · 172
너는 누구니? · 174
상상 상자 · 174
호랑이는 왜 동물원을 나왔을까? · 175
시작 다음 Before After · 175

그림책 속 지식과 함께 놀기

물이 돌고 돌아 · 176
다름 : 다르지만 같은 우리 · 178
토마토, 채소일까? 과일일까? · 180

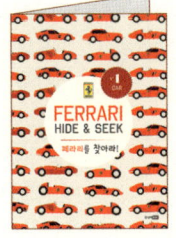

15

와~ 똥이다 · 182
비밀스럽고 품격 있는 방귀 사전 · 184
뭐라고 불러야 해? · 186
라면과 함께라면 · 189
누가 좀 말려 줘요! · 189

Chapter 6. 나를 표현하며 노는 그림책 예술놀이

즐겁게 나를 표현하며 놀기
나는 누구인가요? · 192
내 안에는 사자가 있어, 너는? · 194
가끔씩 나는 · 196
내가 예쁘다고? · 199
모자섬에서 생긴 일 · 202

내 꿈을 상상하며 놀기
파리의 작은 인어 · 205
내가 딱이지 · 208
어른이 되면, 나는 · 210
멋진 공룡이 될 거야! · 212
돼지꿈 · 214

다양한 감정 표현하며 놀기
컬러 몬스터 : 감정의 색깔 · 216
아파트 공룡 · 220
단어를 먹는 아이 · 222
싫어요 싫어요 · 224

Chapter 7. 숫자, 한글과 함께 노는 그림책 예술놀이

다양하게 숫자와 놀기
3은 어디로 갔을까? · 228
한 마리 여우 · 230

사랑은 123 · 233
천해 개의 별, 단 하나의 나 · 236
1부터 100까지 숫자책 · 239
모든 것은 상대적이야 · 239

독특하게 한글과 놀기
우리 엄마 ㄱㄴㄷ · 240
응가 말놀이 · 243
바다로 간 곰 · 246
움직이는 ㄱㄴㄷ · 249
고양이는 다 된다 ㄱㄴㄷ · 252
모모모모모 · 254
돼지 안 돼지 · 256
도시 가나다 · 256
고릴라와 너구리 · 257
새빨간 거짓말 · 257

Chapter 8. 진한 재미, 긴 여운! 초간단 그림책 예술놀이

뚝딱! 초간단 그림책 만들며 놀기
빨강 · 262
기차 여행 · 265
그림 없는 책 · 268
우주지옥 · 270
이 색 다 바나나 · 273

Part 1

그림책으로 신나게 놀아 봅시다

1
놀이인 듯, 놀이 아닌, 놀이 같은 독서 활동

얼마 전 초등학생은 물론 중·고등학생들의 문해력 부족이 사회적으로 큰 이슈로 대두되었습니다. 문자는 읽을 수 있어도 글이 전하는 뜻을 제대로 이해하지 못하는 학생들이 많아져 문해력의 중요성이 주목받았지요. 비슷한 시기에 교육부가 2028학년도 대학교 입시부터 논술형, 서술형 수능을 포함한 '미래형 수능'을 검토하겠다고 발표하면서 독서 교육, 독서 활동, 독서 토론, 글쓰기 수업 등에 관한 관심도 함께 커졌습니다.

그래서일까요? 보통 초등학생부터 시작하던 독서 활동 수업의 대상 연령도 점차 낮아져 최근엔 많은 미취학 어린아이들도 다양한 독서 수업을 하고 있습니다.

독서의 중요성이 대중에게 논쟁거리가 되는 것은 매우 긍정적입니다. 하지만 저는 독서의 중요성에 대한 인식이 커질수록 독서 활동이 점점 또 하나의 교육으로 바뀌어 가는 것 같아 걱정스럽습니다. 책을 읽고 오롯이 자기만의 감동을 풀어나가는 경험을 하는 게 아니라 '이 책은 이런 감동이 있고, 이런 메시지와 주제가 있다. 그래서 이 책은 이렇게 읽고 이렇게 느껴야 한다.' 하는 식으로 정해진 학습의 수단으로 쓰이는 경우를 종종 봅니다. '글쓰기, 독서 논술, 독서 토론' 등의 다양한 타이틀을 붙인 독서 활동이 독서를 입시나 진학을 염두에 둔 교육 수단으로 학부모를 사로잡고 있는 건 아닌지 의문이 듭니다.

모든 독서 활동이 배우고 익혀 정해진 정답을 찾거나 사회 통념상 바람직한 결론을 내리는 내용으로만 이루어져서는 안 됩니다. 독서 활동에서 가장 중요한 것은 '자신에게 질문 던지기'이어야 합니다. 사연스럽게 책 속에 빠져들어 '주인공은 왜 이럴까? 만일 나라면 어떻게 했을까? 이 이야기의 결말은 어떻게 될까?' 등 다양한 물음표를 머릿속에, 가슴속에 띄울 수 있어야 합니다. 그런 질문이 자유롭게 상상하고 남과 다르게 표현하는 시도를 하는 기본이 되니까요. 자기 생각을 타인과 공유하고 교류하며 자기 생각과 타인의 생각이 다름을 깨닫는 과정으로 독서가 자리한다면 우리 아이들에게 독서는 더는 결과 지향적 독서, 주입식 독서, 의무형 독서, 기록형 독서로만 다가가지 않을 것입니다.

제가 이 책에 담은 독서 활동은 독서를 다양한 예술적 기법과 연계하여 정답 없는 활동을 하며 능동적으로 표현하는 예술놀이입니다. 자신이 상상한 바를 몸으로 표현하고, 나만의 정답을 찾기 위해 상상의 나래를 펼치는 독서 교육의 일환이지요.

초등학교 시절, 책 읽기를 참 좋아했지만 정말 싫어했던 숙제가 있었는데 바로 책 한 권을 읽고 원고지 몇 매 이상 글을 써오는 독후감 숙제였습니다. 그 숙제는 학기 중에도, 방학에도 늘 저를 힘들게 했지요. 원고지 1매 채우기가 왜 그렇게 힘들었던지, 어떻게든 분량을 채우려고 진땀을 빼던 기억이 아직도 생생합니다.

독서록 작성이나 독후감 쓰기는 요즘도 가장 많이 하는 대표적인 독후 활동입니다. 책의 내용을 되짚으며 자기 생각을 표현하는 독후감 쓰기는 아이들에게 매우 좋은 독서 활동이지만 이 활동만 반복적으로, 의무감으로 하면 곤란합니다. 부작용이 생기거든요. 의무적인 독후감 쓰기는 깊은 생각과 영혼 없이 독서록을 작성하고 글을 쓰게 만듭니다.

그러나 아직도 많은 학교에서 학년 초에 독서록을 배포하고 숙제로 이를 채우고 독후감을 써 오게 합니다. 그간 세 아이의 독서록, 독후감 숙제를 확인할 때마다 엄마로서 마음이 참 힘들었습니다. 아이들이 독서기록장을 너무 엉터리 방터리로 써서 힘들기도 했지만, 하기 싫어하는 걸 '숙제니까' 억지로 쓰게 해야 해서 힘들었습니다.

책을 좋아하는 아이는 책 읽기에 빠집니다. 한 권을 다 읽으면 자연스럽게 책과 관련된 이야기를 하거나 또 다른 책을 찾아 읽으려 하지요. 이런 아이에게 "잠깐! 숙제니까 독후감 써야지!" 하는 채근은 책 읽은 후의 여운을 방해하거나 능동적으로 독서를 이어 가려는 아이의 의지에 제동을 걸어 독서를 방해하는 요소가 될 뿐입니다. 더구나 긴 호흡의 독후 글쓰기는 글자 쓰기를 싫어하는 아이들에게 부담을 주어 책 읽는 재미를 떨어트립니다.

물론 저 또한 학부모로서 독서록이나 독후감 같은 독후 활동이 아이들에게 필요하며 집중력과 표현력 향상에 큰 도움이 되는 것을 알고 있습니다. 책의 내용을 잘 파악했는지 확인할 수 있고, 글쓰기 능력을 키우게 도와주니까요. 하지만 문제는 대부분의 독후 활동이 쓰거나 그리는 것에 초점이 맞춰져 있다는 것입니다.

첫째 아들이 초등학교 저학년일 때의 일입니다. 제가 슬그머니 밀어 넣은 한 권의 그림책을 제게 보이며 이렇게 묻더군요.

"엄마. 이 책 읽고 말이야 독서록 한 줄 서평 할까, 나만의 표지 그리기를 할까, 작가에게 편지 쓰기 할까, 결말 바꾸기를 할까? 어떤 거 하면 될까?"

아이 머릿속에서의 책 읽기는 독서록 숙제를 해치우기 위한 하나의 수단이었습니다. 분명 독서록이나 독후 활동지는 아이들에게 책을 읽게 하고 흥미를 끌어내기 위한 수단이어야 하는데 말입니다. 독서를 위한 독서 활동이 아니라 독후 활동지를 쓰기 위한 독서라니, '주객전도'라는 말은 바로 이럴 때 쓰는 거겠지요.

제 아이들처럼 그림 그리기에 취미가 없고 글쓰기, 아니 글자 쓰기조차 좋아하지 않는 아이에게 독서록이나 독후감 쓰기 활동만 반복적으로 하게 하는 것은 독서에 대한 흥미를 잃게 합니다. 책 읽기를 즐기지 않는 아이에게 부담만 더 안기는 것이지요. 책 읽기도 싫은데 뭔가를 쓰고 그리라니, 얼마나 하기 싫을까요?

내 생각을 글로 쓰는 능력을 키우는 독후 활동도 좋고, 표현력과 자신감을 키우는 독후 활동도 좋고, 문해력을 높이는 독후 활동도, 예술적 감수성을 높이는 독후 활동도 좋지만 가장 좋은 건 '아이가 재미있게 책을 읽는 것' 자체입니다. 그것이 목표입니다.

"책 읽어!"라고 말하지 않아도 책을 읽는 아이, 조용해서 쳐다보니 어느새 책을 펼쳐 읽고 있는 아이, 어디든 책을 챙겨 다니며 펼쳐 보는 아이, 생각만 해도 뿌듯하고 든든하지요? 네, 그겁니다. 바로 독서 자체만으로도 대단한 것입니다. 그걸로 만족하면 됩니다. 독서와 놀이와의 만남은 어떨까요? 어떤 교육적 메시지를 담거나 능력 향상을 목적으로 하는 것이 아니라 그저 '책 읽고 놀기', '책으로 놀기'에 초점을 맞춰야 합니다.

새 학기, 연극예술 강사로 학생들과 만나는 첫 수업 날이면 저는 이렇게 말하곤 합니다.

"오늘은 그림책 읽고 놀 거야. 공부 시간이지만 너희들과 재미있게 놀 거야. 놀면서 하는 공부, 나도 모르게 하는 공부, 이런 공부 해 봤어? 막 신나게 놀았는데 저절로 공부가 되는 거야. 공부 안 하려고 했는데 나도 모르게 공부를 하고 있는 거야. 자, 우리 그렇게 특이하게 놀아 보자!"

그리고 놉니다. 아이들과 그림책을 읽고 놀지요. 분명 독후 활동이지만, 놀이 성격이 짙어 아이들이 즐겁게 참여합니다. 책을 읽고 자신만의 감정을 표현해야 하지만 아이들은 부담스러워하지 않습니다. 준비물은 없을 때도, 있을 때도 있는데 가끔 필요한 준비물도 구하기 쉽고 익숙한 것입니다. A4용지 한 장, 그림 한 장 정도의 결과물이 있을 때도, 없을 때도 있습니다.

예술놀이 강사로서 제가 결과물보다 더 중요하게 여기는 것은 아이들의 표정입니다. 표정만 봐도 아이들이 이 책에 얼마나 공감하고 능동적으로 활동에 참여하는지가 여실히 보이니까요. 제가 실천하는 독서 활동은 책 읽기를 즐기고, 음미하고, 자신만의 표현법으로 만들어 그것으로 이야기를 나누는 시간입니다. 결과물보다 과정을 중시하는 자연스러운 표현 시간이지요. 우리 금술님들도 그렇게 그림책으로 아이들과 놀이를 해 봅시다. 부담 없이, 즐겁고, 자연스럽게.

2
언제까지 그림책을 읽어야 할까?

그림책은 '0세부터 100세까지 읽는 책'이라는 인식이 퍼지긴 했지만, 여전히 그림책은 미취학, 혹은 초등 저학년까지 읽는 책이니 초등학교에 가면 그림책에서 글이 많은 동화책 읽기로 '자연스럽게' 넘어가야 한다고 생각하는 사람이 많습니다. 그래서 고학년 아이가 그림책을 읽고 있으면 "그건 동생들이 읽는 책이야." 또는 "네가 지금 그거 읽을 나이니?" 하고 나무라기도 합니다.

그런 생각을 너무나 잘 이해합니다. 저 또한 (지금은 중학생이 된) 첫째 아들이 어렸을 때만 해도 그림책을 글이 많은 책을 읽기 위한 중간 징검다리라고 생각했거든요. 그러나 그림책을 읽고 또 읽다 보니 그림책과 동화책이 얼마나 다른 장르인지 깨닫게 되었고, 나이로 장르를 구분하는 것이 아니라 함께 존재해야 함을 깨달았습니다.

그림책은 동화책 읽기의 전 단계에만 머무는 것도 아니고, 동화책을 읽기 위한 준비 과정의 역할만 하는 것도 아닙니다. 그림이 아예 없거나 삽화 수준의 그림이 글 사이사이에 들어간 동화책은 글만으로도 이야기를 완벽하게 전달합니다. 단어와 단어, 문장과 문장 사이의 맥락을 이해하다 보면 자연스럽게 결말로 향하는 구조이지요. 그래서 조금씩 글 비중이 큰 동화책을 읽다 보면 나중에 긴 호흡의 책을 읽을 때 큰 도움이 됩니다. 이런 동화책 중간중간 그려진 그림은 이야기의 특정 장면을 표현하는 것일 뿐 그 그림만을 통해 또 다른 이야기를 전달하지는 않습니다.

그렇다면 그림책은 어떨까요? 그림책은 '글'만으로도 이야기가 만들어지고, '그림'만 보아도 이야기가 만들어집니다. 그리고 '글'과 '그림', 이 두 가지 표현 수단이 만나서 가장 극적인 하나의 이야기를 만들어 냅니다.

그림책은 그저 아이들만 읽는 책이라고 생각했던 시절을 떠올려 보면 그림책에 대한 오해가 얼마나 컸는지 깨닫게 됩니다. 그림책 한 권이 얼마나 세심한 과정을 거친 결과물인지 알지 못했고, 그림책 한 장면에 얼마나 많은 이야기가 숨겨져 있는지도 전혀 몰랐거든요. 그림책은 그저 하나의 통 이야기를 장면별로 나누고, 장면마다 글 내용을 나타내는 그림을 그리면 만들어지는 줄 알았습니다.

그런데 아니었어요. 그림책은 그렇게 단순한 책이 아닙니다. 그림책을 읽다 보면 그림책 속 문장이 그림과 딱 맞아떨어지는 때도 있고, 글이 그림과 전혀 상관없는 때도 있습니다. 또 보고 있는 그림이 그 어떤 문장으로도 표현되어 있지 않을 때도 있지요. 그림책 속 글은 글대로 하나의 이야기를 만들어 내고, 그림은 그림대로 이야기를 만들어 냅니다. 그림책 대부분은 이야기와 그림이 절묘하게 만나 하나의 예술작품을 보는 듯한 느낌을 선물해 주지요. 읽다 보면 영화보다 더 깊은 여운을 남기는 그림책도 있고, 그 어떤 개그 프로그램보다 웃음을 자아내는 그림책도 있습니다.

그림책의 장점을 말하다 보면 갑자기 말이 빨라집니다. 이것도 강조하고 싶고, 저것도 꼭 말하고 싶고, 자랑할 게 너무 많거든요. 여하튼 그림책은 어느 책 하나 특별하지 않은 것이 없습니다. 단 한 글자와 단 한 컷의 그림으로 풍성한 이야기를 표현하기도 하고, 글자가 하나도 없는 '글 없는 그림책'도 있으며, 그림책인데도 불구하고 '그림이 없는 그림책'도 있으니까요. 네, 그림책은 정말 다양하고 기발하고 창의적이고 센스가 넘쳐흐릅니다!

한 고등학교에서 학생들과 그림책을 읽었을 때의 일입니다. 십 대 후반 학생들이 가득한 교실에 그림책을 품에 안고 들어서면 의아하거나 유치하다는 표정을 보이는 학생들이 있는데, 바로 그런 표정을 짓는 학생들이 학급의 반 이상인 수업이었습니다. 은근 긴장되었지만 그래도 수업은 진행해야 했기에 조심스럽게 그림책 첫 장을 넘기며 그림책 속 이야기를 읽기 시작했습니다. 그랬더니 파도가 일렁이듯 교실 분위기가 조금씩 달라졌습니다. '반전'이라는 말이 가슴에 와닿을 정도로 순식간에 교실 공기가 달라졌지요. 전 이런 분위기 반전의 순간을 너무나 좋아하고 사랑합니다. 장면마다의 그림과 글이 다양한 새로운 정보를 조합해 내고 예상하지 못했던 전개로 흐르는 이야기를 공유하며 마지막 장을 넘기는 순간, 가만히 쳐다보던 아이들이 마치 '유레카!'를 외치듯 제게 이렇게 외쳤습니다. "헐~ 대박!", "선생님, 신박한데요?"

몸도, 키도 저보다 큰 친구들과 그림책 속 재치 만점 표현과 매력 만점 그림을 보며 이야기를 나누고 웃다 보면 이런 생각이 들기도 합니다. '내 아이들도 중학생, 고등학생이 되어서도 이렇게 그림책을 읽으며 웃으면 참 좋겠다'라는 생각 말입니다. 물론 글로만 되어 있는 책도 함께 읽어야겠지요.

제가 얘기하고 싶은 건 그림책 자체가 주는 즐거움과 깨달음은 글이 가득한 책이 주는 그것과 종류가 아예 다르다는 것입니다. 그림책 한 권도 그 어떤 소설보다 감동적일 수 있고, 그 어떤 시집보다 깊은 여운을 줄 수 있습니다. 그리고 그 어떤 자기계발서보다 큰 깨우침을 전달하고, 그 어떤 심리치유서보다 감정을 이해받을 수 있습니다. 그래서 저는 그림책을 애정합니다.

다시 물어보겠습니다.
"그림책, 언제까지 읽어야 할까요?"

3
예술적으로 상상하며 논다는 것

 어렸을 적, 금슬님은 어떻게 놀았나요? 저는 집 앞 골목, 동네 놀이터와 공터, 그리고 수업이 끝난 학교 운동장과 학교 뒤뜰 여기저기를 누비며 놀았답니다. 누군가가 친절하게 놀이 방법을 가르쳐 주지 않았지만 벌칙 수행과 힘든 술래를 하며 자연스럽게 놀이법을 익혔고, 그렇게 익숙해진 놀이는 몇 번을 해도 참 재미있었습니다. 과정이 자세하게 기억나진 않지만 분명 놀이에 끼기 위해 능동적으로 배우려 애쓰고 과감하게 도전했던 건 분명합니다.

 혼자서도 참 많이 놀았지요. 인형 하나가 요정 친구가 되었다가 길 잃은 마법사가 되기도, 적들을 물리치는 멋진 슈퍼맨이 되기도 했고, 종이 인형으로 여러 목소리를 내며 역할극을 했습니다. 돌멩이나 나뭇잎으로 음식도 만들었습니다.

  제가 어렸을 때는 '소꿉놀이, 엄마 놀이, 인형 놀이' 정도를 놀이라고 불렀다면 요즘엔 참 다양한 놀이법이 존재하고, 새로운 놀이법 용어가 계속 등장하고 있습니다. 상상 놀이, 역할놀이, 자연물 놀이, 요리 놀이, 오감 놀이, 모래 놀이, 표현 놀이, 목욕 놀이, 물감 놀이, 토론 놀이, 책 놀이… 저는 여기에 놀이 하나를 살포시 더 붙이고 싶습니다. 바로 '예술놀이'입니다.

  제가 생각하는 예술놀이란 '결과보다 과정을 중시하는 놀이'입니다. 특별하게 노는 것이 아니라 '특이하게 놀면서 자연스럽게 상상하고 그것을 나만의 방법으로 표현하는 놀이'입니다. '내가 생각한 것이 정답이 되는 놀이'입니다.

  '티칭 아티스트의 아버지'라 불리는 미국의 예술교육 전문가 에릭 부스(Eric Booth)는 "온종일 진흙을 만졌다고 해서 예술을 경험한 것이 아니라 진흙을 통해 아이가 마음껏 표현해 보고 그 속에 자기만의 새로운 세계를 창조할 수 있게 도와주는 것이 예술교육이다."라고 말했습니다.

  네, 저는 그림책과 함께 아이들과 놀고 있습니다. 예술적으로요. 그저 그림책을 보는 것에 그치는 것이 아니라 그림책을 통해 상상한 것을 예술적으로 표현하며 놀고 있습니다. 그래서 아이들과 함께 그림을 그리고, 그림책을 만들고, 그림책처럼 맛보고, 그림책을 따라 말해 보고, 그림책 속 움직임을 따라 하며 놉니다.

정형화된 그림책 놀이 활동을 설계한다는 마음보다는 그림책과 예술적으로 노는 경험을 쌓으려면 어떤 방법이 좋을까 고민합니다. 그냥 그림책을 보고 노는 것은 단순히 재미있는 활동으로 끝나기 쉽지만 그림책과 함께 예술적으로 노는 것은 아이에게 재미는 물론 깊은 여운을 남깁니다. 재미를 넘어서 자신의 감정을 솔직하게 표현하고 타인의 표현을 자연스럽게 존중하며 놀게 합니다. 이러한 '그림책 예술놀이'의 가장 큰 목표는 정답이 아닌 나만의 답을 찾아가는 것입니다. 금쌤님들도 그림책 예술놀이를 하며 자기만의 답을 찾아 나가셨으면 좋겠습니다.

4
그림책으로
표현하며 논다는 것

어른을 대상으로 강의를 하다 보면 다양한 질문을 받습니다. 가장 많이 받는 질문 중 하나는 "어떤 그림책이 아이들에게 좋은 그림책인가요?"라는 질문입니다. 2007년부터 유치원, 초·중·고등학교는 물론 특수학교와 도서관, 지역센터 등의 교육 현장에서 다양한 나이대의 학생들과 그림책으로 연극예술 수업을 해 오며, 동시에 세 아들을 키우며 느낀 바에 따라 저는 이렇게 대답합니다.

"우리나라 글 작가가 쓰고, 우리나라 그림 작가가 그린 우리 창작 그림책이요."

아이들에게 좋은 그림책은 특별한 그림책이 아닙니다. 유명 작가의 작품이 아니어도 되고 대형 출판사에서 나온 책이 아니어도 됩니다. 도서관이나 인터넷 서점에서 추천하는 필독서 리스트에 없어도 되고, 유명한 상을 받은 수상작이 아니어도 됩니다. 정말 단순하고 쉽게 추천하는 좋은 그림책은 바로 '우리나라의 정서와 문화, 사회성, 관계'를 담고 있는 우리나라 창작 그림책입니다.

물론, 해외 번역서 중에도 좋은 그림책이 많습니다만 제가 굳이 우리나라 창작 그림책이라고 말씀드리는 이유는 잘 알려지지 않은 우리나라 그림책 작가들의 주옥같은 작품이 너무나 많기 때문입니다. 또, 우리나라 글 작가, 그림 작가들이 만든 너무나 좋은 우리나라 창작 그림책이 주변 곳곳에, 그리고 우리 집 책꽂이에도 딱! 꽂혀 있다는 사실을 알려드리고 싶기 때문입니다.

평범해 보이는 그림책 한 권이 아이의 감수성을 건드릴 수 있습니다. 읽고 또 읽어서 너덜너덜해진 그림책이 아이의 상상력을 키울 수 있습니다. 하도 안 읽어서 책꽂이에서 빼고 싶은 그림책이 어느 순간 아이의 변화를 끌어내는 책이 될 수도 있습니다. 중요한 건 '어떤 그림책이 좋은 그림책이냐?'가 아니라 '어떤 그림책을 어떻게 읽느냐?'입니다.

누군가는 그림책을 보며 작가의 의도를 파악하려 애쓰고, 숨겨져 있는 의미나 그림책 뒷이야기에 흥미를 보이기도 합니다. 한 작가의 작품을 시대상과 연계하여 분석하기도 하고, 작가 특유의 작법을 공부하기도 합니다. 필사를 하거나 그림체를 따라 그리기도 합니다.

그림책은 어떻게 읽어도 참 좋습니다. 저는 그림책을 제 시선대로 읽습니다. 가끔은 시집처럼 읽고, 가끔은 자녀 교육서로, 가끔은 자기계발서나 심리치유서처럼 읽습니다. 그림책은 내용이 짧아서 휘리릭 읽을 수 있고, 구하기가 쉽습니다. 게다가 이야기가 복잡하지 않습니다. 그래서 거의 매일 그림책을 읽습니다. 그림책 표지만으로도 마음이 포근해질 때가 있고, 그림책 속 한 장면에서 오래 머물며 그 여운을 누리기도 합니다.

좋은 그림책은 특별한 그림책이 아닙니다. 너무나 평범해서 특별하지요. 나만의 시선으로 읽으면 특별해지는 마법 같은 그림책의 세계를 아이와 함께 누려 보세요. 편안한 마음으로 놀아 보세요.

선생님이나 엄마, 그리고 우리 금슬님들이 선호하는 놀이는 바로 이런 놀이일 겁니다.

- 간단하고 부담 없는 놀이
- 아이가 먼저 더 하겠다고 하는 놀이
- 특별한 준비물이 필요 없는 놀이
- 그저 놀았을 뿐인데 뭔가를 깨우친 듯한 기분이 드는 놀이
- 지켜보는 이는 뿌듯하고 노는 아이는 즐거운 놀이
- 이야깃거리가 많이 생기는 수다쟁이 놀이

파블로 피카소는 "모든 어린이는 예술가다. 문제는, 어른이 되어서도 예

술가로 남아 있는가이다."라고 말했습니다. 어린이들이 내면의 예술성을 잃지 않고 몸과 마음이 성장하려면 예술가적 기질을 발휘할 수 있는 경험이 꾸준히 쌓여야 합니다. 저는 그 방법으로 그림책을 선택했고, 거기에 다양한 예술놀이를 적용했습니다.

여러분도 그림책과 놀아 보세요. 작가의 의도나 역사적 배경을 알고, 교육적인 효과나 긍정적인 변화를 기대하며 놀기보다는 '지금' 그림책을 펼치고 아이를 마주 보고 집중하며 '함께' (놀아 주지 말고) 그냥 편하게 놀아 보세요.

Part 2에 실린 그림책 예술놀이 방법들을 이용해 활동하기 전에 다음 몇 가지는 기억해 두셨으면 좋겠습니다.

첫 번째, 책에서 소개한 방법을 그대로 따라 하지 않아도 됩니다. 책에서 언급하지 않은, 전혀 생각하지 못했던 방향으로 엉뚱하게 흘러도 좋습니다. 그림책을 함께 읽은 아이가 원하는 새로운 놀이 방법을 존중하고, 아이가 이끄는 방향으로 자연스럽게 이끌려 가 보세요. 아이가 하던 놀이를 변형하거나 아예 색다른 방법으로 놀길 원한다면 그렇게 놀면 됩니다.

두 번째, 준비한 준비물을 다 활용하지 못해도 괜찮습니다. 금슬님이 학교나 도서관에서 여러 아이와 활동하든, 엄마 금슬님이 아이와 단둘이 놀든, 아이 친구들과 여럿이 놀든 다 좋습니다. 아이들과 그림책을 함께 보는 것만으로도, 함께 마주하는 놀이 시간만으로도 충분함을 잊지 마세요.

세 번째, 제가 소개하는 그림책에 다른 놀이법을 연계해도 됩니다. 이 놀이법에서 저 놀이법으로 이어 나가도 되고요. 그림책마다 소개한 놀이법은 제가 현장에서 아이들과 만날 때 자연스럽게 이어진 흐름이지만 금술님이 마주하는 현장에서는 또 다른 조합이 더 맞을 수도 있으니까요. 놀이에는 안전 확보를 위한 규칙 외에는 어떠한 규칙이나 틀이 없습니다. 반복하면서도 새롭고, 처음 접하면서도 자연스럽게 흘러가는 것이 바로 놀이입니다. 아이들과 함께 놀이의 파도에 몸을 맡겨 보세요.

모든 놀이의 기본은 '자유로움, 즐거움, 흥미, 재미'입니다. 어른들이 바라는 '집중력, 상상력, 창의력, 표현력'들은 놀이에 보너스처럼 따라옵니다. 그러니 실컷 놀게 해 주세요. 아이가 행복하도록.

5
그림책과 함께 예술적으로 놀기

    한 장의 그림 옆에 또 그림이 있고, 그 사이에 마법처럼 이야기가 깃들여지는 것이 그림책입니다. 그림만 봐도 이야기가 만들어지고, 글자만 봐도 이야기가 완성되지만, 글과 그림, 그 둘이 만났을 때 완전체로 만들어지는 이야기가 바로 그림책입니다.

    이토록 매력적인 그림책이 예술과 만나 하나의 놀이가 되는 과정은 생각보다 쉽지만, 생각처럼 흘러가진 않습니다. 예술놀이는 살아있는 생명체와도 같아서 같은 그림책, 같은 준비물을 가지고 논다고 해도 아이들의 성향과 그날의 기분, 몸속 에너지에 따라 놀이가 다양하게 변형되고 전혀 생각하지 못했던 길로 들어서기 때문입니다.

도서관에서 지역센터 아이들과 놀 때의 일입니다. 도서관의 협조와 지원으로 준비물을 풍성하게 마련했지요. 큰 전지부터 색종이, 분필, 색연필, 네임펜, 파스텔, A4용지에 그림책 스크랩북까지, '다양한 준비물로 아이들과 어떻게 놀까?' 하고 금슬가로서 행복한 고민에 빠졌습니다. 그런데 웬일입니까? 아이들과 함께한 두 시간은 탱탱볼과도 같았습니다. 어디로 튈지 모르는 탱탱볼처럼 그림책을 읽고 놀이하는 아이들의 활동이 제 생각과 예측, 의도한 순서와는 다르게 여기저기로 튀었기 때문입니다. 그날 비장의 카드로 준비했던 파스텔은 비닐 포장을 뜯지도 못한 채 새 상품으로 남았고, 분필 또한 마찬가지였습니다.

아이들이 가장 잘 가지고 논 준비물은 전지였습니다. 커다란 전지는 아이들에게 도화지로, 미로로, 꽃밭으로, 편지지로 변형되다가 다시 대형 비행기로, 배로, 돌덩이로 변형되더니 결국엔 하늘에서 내리는 비와 눈, 바람이 되어 흩날렸습니다. 그 그림책을 읽고 그 준비물이 그렇게 활용될지 저도 몰랐습니다. 열 명 남짓한 아이들은 제가 이끌지 않아도 스스로 그림책 속 한 장면에 멈춰 이 놀이, 저 놀이를 넘나들며 놀이 시간을 누리고 즐기고 음미했습니다.

놀이를 이끈 저는 금슬가로서 도서관 담당 선생님께 무척 죄송했습니다. 미리 아이 수대로 준비물을 준비해 주셨는데 채 포장을 뜯지도 못한 준비물들이 남았으니까요. 놀이가 끝난 후, 담당 사서 선생님께 준비물을 다 활용하지 못해 송구하다고 말씀드리니 선생님은 손사래를 치며 대답하셨습니다.

"정말 괜찮아요. 제가 사서 생활하면서 아이들이 이렇게 소리 지르며 적극적으로 노는 모습은 처음 봐요. 와, 정말 에너지가 대단하네요."

알고 보면 아이들은(또는 우리는) 이미 아주 어린 영유아기 때부터 예술적으로 놀았습니다. 여러 가지 집 안 물건을 가지고 자연스럽게 역할놀이를 했고, 그 속에서 다양한 위기와 사건을 만들어 극 놀이를 했습니다. 목소리는 또 어쩜 그렇게 다양하게 냈는지요. 누가 가르쳐 주지도 않았는데 목소리를 바꿔가며 역할 연기도 했지요. 또, 세상에 존재하지 않는 가사로 노래를 만들어 부르기도 하고, 온종일 노래를 흥얼거리며 몸을 흔들거나 스케치북 한 권을 자신의 작품으로 꽉 채우기도 했습니다. 누군가에게 배우지 않아도 다양한 방법으로 세상과 이야기를 나누며 예술적으로 놀았지요. 배운 적도 없고 또 누가 시키지도 않은 놀이를 시간 가는 줄 모르고 능동적으로, 주도적으로 했던 그 놀이 시간만큼은 우리 아이(또는 우리)가 최고의 예술가로 정점을 찍은 순간이 아니었을까요.

그림책 예술놀이를 할 때 금술가들이 명심해야 할 것이 있습니다. 그림책이 담고 있는 주제나 메시지의 방향성, 작가의 의도를 너무 의식하지 않아야 한다는 것입니다. 예를 들어 '똥 이야기'를 다룬 그림책은 배변 훈련을 돕는 목적으로 만든 그림책일 수 있지만, 감정표현이나 몸 놀이, 규칙 만들기 놀이를 하기에도 좋은 그림책이 될 수 있습니다. '배변 훈련'이라는 이야기의 주제나 이야기 속 목적, 혹은 작가의 의도에 갇혀 화장실에서의 주의사항이나 뒤처리 방법을 익히는 것에 중점을 두면 그것은 놀이가 아닌 배변 방법을 배우는 교육 시간이 되어 버립니다.

아이들과 함께 읽고 놀고 싶은 그림책이 생겼다면 그림책을 다양한 각도에서 바라보세요. 이야기 전체를 공유할지 그림책 한 장면에 멈춰 놀지, 주인공의 말 한마디를 가지고 놀지 그림책 속 그림의 배경에 초점을 맞춰 놀지, 전체 이야기를 공유하고 새로운 이야기를 만들어 내며 놀지 그냥 표지만 보고 놀지, 없는 텍스트(해설이나 대사 등)를 만들며 놀지 나만의 이야기를 만들며 놀지 등을 생각해 보세요. 이렇게 다양한 각도와 새로운 시각으로 그림책을 펼치면 새로운 놀이가 탄생할 겁니다.

6
'오프라인'
그림책 예술놀이를 할 때

    학교나 도서관, 기관에서 아이들을 직접 만나 그림책 예술놀이를 할 때 저는 따로 제 소개를 하지 않습니다. 그림책 예술놀이를 진행하는 선생님이 어디 소속인지, 이름은 무엇인지 아이들은 크게 궁금해하지 않습니다. 물론 놀이를 이끄는 선생님이 누군지 궁금해할 수도 있지만 '오늘 어떤 활동을 할까? 저 선생님은 왜 그림책을 들고 왔을까?'에 더 큰 관심이 있지요. 그래서 "나는 그림책 예술놀이 선생님이란다. 오늘 너희들과 함께 그림책으로 놀아 보려고 해." 정도만 말하고 간단한 규칙을 언급한 뒤 곧바로 본론인 그림책 이야기로 넘어갑니다.

    아이들은 함께 노는 동안 저에게 관심을 보이며 저마다 탐색하지요. 정말 궁금한 아이는 활동 중이나 활동이 끝난 후 제게 다가와 "선생님은 어디에서 오셨어요?", "선생님 이름이 뭐예요?" 하고 물어봅니다. "선생님은 뭐 하는 사람이에요?"라는 귀여운 질문을 던지기도 하고요. 이런 관심도 고맙지만 전 놀이를 이끈 저를 기억하기보다 어떤 그림책으로 어떻게 놀았는지, 그 과정과 느낌을 기억하는 게 훨씬 좋습니다.

엄마가 집에서 아이와 함께 논다면 "오늘 엄마가 너와 그림책으로 재미있게 놀려고 준비했어." 또는 "이 그림책으로 엄마랑 놀아 볼까?"라는 말은 굳이 하지 않아도 좋습니다. 그냥 그림책을 읽으며 자연스럽게 놀이로 훅 들어가면 됩니다. "그림책 읽었으니 우리 그림 그려볼까?"라는 말 대신 그냥 종이를 내밀고 색연필을 꺼내면 그 행동 자체가 언어가 됩니다.

아이들과 그림책으로 놀고 나서 놀이의 성공 여부를 알고 싶다면 마무리 시간을 눈여겨보면 됩니다. 마무리 인사를 하고 헤어지려는 순간, 곁에 와서 초롱초롱한 눈빛으로 제 이름이나 소속 등을 물어 오거나 오늘 자신이 만든 결과물을 보여 주며 말을 걸어 온다면 그날 함께한 그림책 예술놀이 시간이 재밌고 즐거웠다는 것이죠. 집에서 아이와 놀때도 마찬가지입니다. 아이가 놀이를 계속하길 원하거나 혹은 자신이 다른 놀이로 변형하거나 새로운 놀이를 제안한다면 성공입니다. 보라고 말하지 않았음에도 불구하고 그림책을 스스로 넘겨 본다면 대성공이고요.

오프라인 그림책 예술놀이를 할 때 아이들에게 직간접적으로 일러 주는 규칙이 몇 가지 있습니다.

　첫 번째, 내가 아는 그림책이 나왔을 때 내용을 몽땅 큰 소리로 이야기하지 않기. 아직 그림책을 읽지 않은 다른 친구들의 호기심과 재미를 떨어뜨리기 때문입니다.
　두 번째, 자유롭게 상상하고 자신 있게 표현하기
　세 번째, '이렇게 해도 될까?'라는 생각이 들 땐 그냥 해 보기
　네 번째, '난 왜 이렇게 못하지. 망쳤어. 하기 싫어.'라는 생각이 들 땐 '나는 특이해. 나는 남과 달라.'라고 생각하며 용기 내기

　아이들 개인마다, 그룹마다 분위기가 다르기에 "규칙을 먼저 공유하고 인지시킨 뒤 놀이를 시작하세요."라든지 "놀이를 하면서 그때그때 규칙을 알려 주세요." 하는 식의 조언을 드리기는 어렵습니다. 다만 중요한 것은 여러 친구가 함께 놀 때 누구 하나만 즐거워서는 안 됩니다. 또 누구도 쉽게 포기해서는 안 됩니다. 따라서 위의 규칙을 마음에 새겨 놓고 아이들이 규칙을 어기게 될 것 같은 분위기이거나 규칙 공유가 필요하다는 생각이 들 때 아이들 눈높이에서 설명해 주세요. '눈치 게임'처럼 적당한 타이밍에 알맞은 규칙을 공지하는 것이 최선입니다. 아이들의 놀이를 방해하지 않고 다 함께 즐겁게 놀 수 있도록 금쌤님의 눈치 게임 승리를 기원합니다.

　소그룹이 아닌 대그룹 친구들과 놀 때는 금쌤님이 염두에 둬야 할 친구

가 있습니다. 바로 목소리가 작거나 자기 목소리를 내는 것이 익숙하지 않아 쑥스러워하거나 두려워하는 아이입니다. 그런 성향의 아이는 활발한 친구들과 함께하는 그림책 예술놀이 시간이 부담스러울 수 있습니다. 즐겁긴 하지만 번쩍번쩍 손드는 친구들 사이에서 소외감을 느낄 수도 있고, 자신도 발표하고 싶지만 손을 들고 일어나 말하기가 힘들 수 있지요.

그런 아이가 눈에 띄면 일단 놀이를 진행하면서 다른 아이들의 발표 사이사이에 스치듯 무심하게 툭툭 말하세요. "정답은 없어. 너희가 뭐라고 말하든 그게 정답이야.", "너도 정답! 오, 너도 정답!", "와, 멋진 답이 너무 많이 만들어지는데? 또 없을까, 우리만의 정답?" 그 말을 들은 아이가 '뭐라고 말하든 정답이라고?' 생각하며 작은 용기를 낼 수 있도록 연기하는 겁니다.

놀이 중에 본보기 역할이나 정적인 역할, 쉬운 도우미 역할이 필요하다면 바로 그 친구를 지목해 도움을 요청하세요. 그리고 역할을 모두 수행하고 자리로 들어갈 때 커튼콜처럼 박수를 유도하며 어깨를 툭 쳐주거나 윙크 한 번, 하트 한 번을 날려 주세요. 그것을 본 다른 친구들이 서로 손을 들며 자신들도 해 보고 싶다고 할 겁니다. 바로 그 순간이 그 친구에게는 용기가 차오르는 순간입니다. 평소 무대 위를 지켜만 봤던 관객 역할에서 벗어나 빛나는 주인공이 되는 순간이지요. 이런 소소한 경험은 아이에게 '표현하는 거 별거 아닌데?', '앞에 나가는 거 은근 재미있는데?'라는 마음이 들게 하여 번쩍번쩍 손드는 친구들 사이에서 살짝 손을 드는 용기를 북돋워 줍니다.

또 다른 의미에서 염두에 두어야 하는 친구들이 있습니다. 깊은 생각이나 고민 없이 "누가 해 볼까?"라는 말에 무조건 손을 번쩍 드는 친구입니다. 막상 발표를 시켜 보면 생각이 정리되어 있지 않아 답을 얼버무리거나, 생각을 말하기보다는 장난기 가득한 발표로 다른 친구들을 웃기는 것에 목적을 두는 친구들이지요. 이런 친구들은 잘 다듬어 주면 됩니다. 두어 번 끼를 발산할 기회를 주고 서너 번부터는 지금 생각한 것을 한 번 더 고민해 보도록 권하세요. "목소리는 어떻게, 몸은 어떻게 할지 생각했니?", "지금 바로 생각난 건 누구나 할 수 있는 상상이야. 한 번만 더 고민해 봐. 남과 다른 거로!" 이러한 피드백으로 자신의 생각과 표현을 다듬을 기회를 주세요.

7
'온라인'
그림책 예술놀이를 할 때

지난 몇 년간 아이들은 COVID19로 인해 의도치 않게 온라인 수업에 무척 익숙해졌고, 능수능란하게 온라인 교육 프로그램을 다룰 줄 알게 되었습니다. 저 역시 학교는 물론 많은 도서관과 기관에서 아이들과의 그림책 예술놀이 활동을 온라인으로 진행했습니다.

초반에는 온라인으로 아이들과 놀며 당황스러웠던 적이 많았지만, 오프라인만큼이나 역동적이고 더 재미있다고 생각한 적도 있습니다. 모니터로 서로의 얼굴을 보며 만나는 것이 직접 얼굴을 보는 것보다 더 쉽게 친해지고 더욱 친근하게 느껴지기도 하거든요. 아이들도 마찬가지일 겁니다. 어느 순간부터 오프라인 활동보다 온라인 활동이 더 편하고 익숙하다고 생각하는 아이들이 늘어났지요.

저는 온라인으로 친구들을 만날 때 참여하는 학생들이 반드시 지켜야 할 규칙을 몇 가지 정해 두고 있습니다.

첫째, 채팅창에 개인적인 이야기나 욕설, 비방하는 내용은 쓰지 않을 것
꽤 기본적인 규칙이지만 잘 지켜지지 않는 것 중 하나입니다. 채팅창에 댓글을 도배하거나 비속어 등을 올리지 않아야 하는 것은 아이들도 잘 알고 있습니다. 하지만 일회성 만남이 아니라 몇 차시에 걸쳐 진행하는 온라인 활동에서는 진행하는 놀이 선생님이나 친구에 대한 친근감의 표현을 거친 언어로 채팅창에 남기는 경우가 종종 있습니다. 그런 표현은 보는 친구나 선생님에게 불쾌감을 준다는 것을 일러 주면 좋습니다.

둘째, 한 명 당 하나의 기기를 이용해 참여할 것
종종 한 화면에 두 명의 얼굴이 등장할 때가 있는데, 형제나 친구 사이입니다. 이런 경우 두 아이는 서로를 의식하느라 놀이에 집중을 못 하거나 보이지 않는 화면 밖에서 다른 장난을 치며 집중력을 잃습니다. 온라인 활동에서 하나의 기기를 두 명이 함께 사용하는 건 오프라인 활동에서 1인용 책상을 두 명이 함께 사용하는 것과 같습니다. 그러니 두 명이 동시에 참여할 경우 분리된 공간에서 개별 기기로 참여하도록 일러둡니다.

셋째, 온라인 활동 중 음식물을 섭취하지 말 것

아이들과 모니터를 통해 서로 이야기를 나누고 감정 교류를 하는 와중에 갑자기 아이 입 앞으로 숟가락이 왔다 갔다 하는 게 보일 때가 있습니다. 온라인 수업에 참여한 아이 옆에서 보호자가 밥을 먹여 주는 상황인 거죠. 또는 아이가 과자나 사탕 등의 간식을 먹는 일도 있습니다. 온라인 놀이를 하던 중에 이렇게 한두 명의 아이가 음식물을 섭취하는 모습을 보이기 시작하면 수업에 참여하는 다른 아이들에게도 모방심리가 일어나 어디선가 간식을 챙겨 와 '먹방'을 시작하곤 합니다.

온라인 활동도 오프라인 활동과 똑같습니다. 만나는 공간이 분리되어 있을 뿐이죠. 또한 유치원이나 학교, 학교 선생님과 하는 온라인 수업 때 하지 못하는 행동은 다른 온라인 활동에서도 해서는 안 되는 행동입니다. 그 사실을 보호자나 아이가 인지하게 하세요. 이것은 온라인 활동을 이끄는 선생님에 대한 기본 예의입니다.

넷째, 활동 시간 중에 퇴장해야 하면 미리 사전에 알려 줄 것

아이들과 온라인 활동을 할 때 당혹스러운 순간 중 하나가 바로 "선생님, 저 나가야 해요." 하고 놀이 중간에 선언하듯 말하는 아이의 목소리를 듣게 될 때입니다. 그 말 한마디로 인해 즐거웠던 분위기가 딱 끊기면서 '하하 호호' 했던 감정선이 무너지거든요. "응, 그렇구나. 중간에 나가게 되어 아쉽네." 하고 대답하면 "네, 학원 가야 하거든요." 하고 답하는 경우가 많습니다. 그러면 그 순간부터 아이들 사이에서 새로운 이야기가 시작됩니다. "선생님, 저도 학원 가야 하는데요.", "저는 이거 끝나고 학원 가요." 하는 식으로 놀이와는 전혀 관계가 없는 이야기가 이어집니다.

놀이는 함께 노는 아이들 사이의 보이지 않는 흐름과 감정선이 중요합니다. 우리도 그런 적 있잖아요. 밖에서 친구들과 재미있게 뛰어놀고 있는데 중간에 한 친구가 "나 집에 갈래."라고 말하면 맥이 탁 풀리는 경험이요. 그러니 온라인 활동에 참여할 때는 미리 아이의 일정을 확인한 후 참여하도록 하고, 불가피하게 먼저 나가야 할 때는 사전에 선생님이나 관리자에게 알리도록 해야 합니다.

제 규칙은 이렇습니다만 이 글을 읽는 다른 금술님들의 놀이 규칙에는 다른 항목이 있을지도 모르겠습니다. 아이들과 그림책으로 노는 활동을 온라인으로 진행하게 된다면 자신이 기본이라고 생각하는 온라인 활동 규칙을 사전에 기관과 참여자, 보호자들께 꼭 공지하세요. 아이들을 활동에 참여하게 해 준 보호자나 함께 놀이하는 아이들만큼이나 금술가도 존중받아야 하니까요.

8
그림책으로 예술놀이를 하고 싶은 금술가들께

이 책은 그림책과 함께하는 예술놀이 이야기를 집중적으로 담고 있지만, 그보다 먼저 중심이 되는 것은 바로 우리 금술가입니다. 금술가들이 아이들과 함께 어울려 놀 때 비로소 그림책 예술놀이의 즐거운 순간과 새로운 변화들이 시작되기 때문입니다.

아이와 말랑말랑하게 사고하며 놀고 싶다면 누구보다 우리가 먼저 말랑해져야 합니다. 아이와 두려움 없이 놀이의 흐름대로 따라가며 놀고 싶다면 누구보다 우리가 먼저 계산하거나 욕심내지 말고 물처럼 흐르는 놀이에 몸과 마음, 시간을 맡겨야 합니다. 당당하게 표현하는 아이가 되기를 바란다면 먼저 우리의 목소리를 내야 합니다. 어른인 내 목소리를 내기가 때로 부끄럽고 민망할 수도 있지만 '뭐 어때?' 하는 마음으로 타인의 시선을 의식하지 않은 채 아이와 함께 놀아야 합니다. 생각처럼 쉽지 않을 겁니다. 하지만 생각보다 쉬워질 수도 있습니다. 그림책에 푹 빠져 아이와 놀아 주지 않고, 스스로 놀게 된다면 말입니다.

또한, 전혀 의도치 않은 방향으로 놀이가 흘러가도 열린 마음으로 함께하고, 아이들이 그림책 제목을 기억 못 하거나 기대만큼 그림책 내용에 집중하지 못하더라도 함께 상상의 나래를 펼치는 순간순간에 의미를 두며 중심을 잃지 않고 놀았으면 좋겠습니다. 놀이는 놀이일 뿐 어떤 목표 달성이나 지식 습득을 위해 존재하는 것이 아니니까요.

그저 그림책을 읽고 노는 것이 얼마나 즐겁고 자유로운 것인지, 그림책을 통해 어떤 감동과 위안을 얻을 수 있는지를 경험하게 해 주세요. 아이의 빛나는 삶을 위해 그림책과 함께 놉시다. 즐겁게 놉시다.

앞서 이야기한 대로 저는 이 책에 소개한 방법을 그대로 따라 하길 바라지 않습니다. 그렇게 본 대로, 읽은 대로 '따라' 논다면, 분명 그 놀이는 성공하기 어려울 겁니다. 그러니 제가 소개하는 놀이에 금술님이 가진 색을 입혀 변형하여 놀면 좋겠습니다. 이 책의 놀이 방법들은 세 아들을 키우며 십수 년 이상 연극수업을 하고 있는, 발랄하지만 소심하기도 한 제가 제 목소리와 억양, 제 표정과 행동, 제 에너지로 다양한 아이들과 함께한 방법입니다. 제가 했던 놀이를 따라 하며 놀되, 여러분의 목소리와 여러분만이 할 수 있는 표현으로 빼거나 덧붙이거나 바꾸는 등의 변형을 거쳐 놀아 보세요. 제가 제시한 준비물로 함께 놀되, 여러분에게 익숙한 새로운 준비물을 준비해 놓아 보세요. 그러면 분명 더 즐겁고 편안한 그림책 예술놀이 시간이 될 것입니다.

제가 하는 놀이도 매번 놀이 방법이 변형됩니다. 같은 그림책, 같은 놀이법으로 시작을 하더라도 중간에 놀이가 색다르게 변하고 예상외로 확장하고 혹은 생각보다 오래 하기도 합니다. 같은 사람이 같은 그림책으로 똑같이 노는 데도 매번 놀이 과정이 변하는데 다른 금술님이 할 때는 당연히 달라지겠지요.

그러니 잘 따라 노는 게 아니라 내 것으로 만들어 놀았으면 좋겠습니다. 좋고 효과적인 것, 만들어진 것을 따라 하려고 하느냐, 아니면 같은 길을 따라 걷되 그 속에서 어떻게든 나만의 것을 찾으려 애쓰느냐, 바로 이 차이가 여러분을 성장시킬 것입니다. 제 놀이에서 힌트를 얻어 여러분만의 새로운 놀이법을 완성했다면 제게 다시 힌트를 주세요. 저도 보고 배우고 함께 성장하겠습니다.

현재 같은 길을 걷고 있는 금술가로서 아이들과 놀 때 금술가인 우리가 지켜야 할 몇 가지를 말씀드리겠습니다.

첫째, 내 배를 채우고 열심히 놀자

누구나 배가 고픈 상태에서는 즐겁지 못합니다. 자꾸만 딴생각이 나고 빨리 시간이 흐르면 좋겠다고 생각하거나 지금 이 시간이 지루하게 느껴지기도 하지요. 배고픈 상태에서 대형마트 장을 보면 어떤 상황이 벌어지는지 아시지요? 놀이 시간도 마찬가지입니다. 배고픈 상태에서 아이와 놀면 나도 모르게 대충 겉핥기식으로 놀거나 의미 없는 반복을 하거나 혹은 목소리에 짜증이 묻어 나올 가능성이 큽니다. '오늘 그림책 읽고 놀아야지'라는 계획을 세웠거나 아이들과 함께하는 놀이 시간을 앞뒀다면 뭐든 미리 챙겨 드세요, 든든하게.

둘째, 놀이 시간 전에는 가까운 이와 좋은 사이를 유지하자

아들 셋을 키우며 알게 되었습니다. 아무리 좋은 일도 배우자와의 관계가 나쁘면 그 좋은 일이 그리 좋게 느껴지지 않는다는 사실을요. 배우자와의 관계는 육아와 일상에 지대한 영향을 미칩니다. 금술가로서도 마찬가지입니다. 배우자와 사이가 좋을 때는 그림책도 더 역동적으로 읽히고, 아이와의 반복 놀이에도 빨리 지치지 않습니다. 오히려 아이와의 놀이 에피소드가 많이 만들어질수록 배우자와 이 빛나는 순간을 공유하고 싶다는 마음이 들게 됩니다. 반면 배우자와 사이가 좋지 않을 때 아이와 놀다 보면 나도 모르게 닫힌 질문이나 단답형 대답, 귀찮은 표정, 딱딱한 말투가 나오게 됩니다. 마음에 돌덩이가 있는 상태에서 그 어떤 놀이가 재미있겠습니까. 어른인 내 기분에 따라 아이와의 놀이 분위기가 획획 바뀔 수 있음을 유의해야 합니다.

반대로 남편이 아이와 그림책 놀이를 할 때도 즐겁고 편안한 마음으로 놀 수 있도록 해 주세요. 즉 아내와의 관계를 편안하게 해 주자는 겁니다.

마음이 편안하지 않은 상태에서는 아무리 웃으며 놀아도 아이가 금방 눈치를 챕니다. 아이가 불편한 마음으로 겉으로만 놀고 있음을 부모가 모를 뿐이지요. 부모 마음도, 아이 마음도 편안할 때 놀아야 즐겁습니다. 남자 친구가 있는 금술가도, 여자 친구가 있는 금술가도 마찬가지입니다. 소중한 사람과의 관계가 좋을 때 자유롭게 상상할 수 있고, 상상을 유도할 수 있습니다. 가장 가까운 사람에게 사랑받는 느낌이 들 때 더 풍성하게, 더 당당하게 표현할 수 있습니다.

셋째, 컨디션 조절을 잘하자

호르몬이 불안정하거나 컨디션이 안 좋을 때, 혹은 당이 부족할 때가 있습니다. 그럴 때는 적절한 응급조치를 취해야 합니다. 약을 미리 챙겨 먹거나 짬을 내어 몸이 쉴 수 있는 여건을 적극적으로 만들어야만 하지요.

저는 아이들을 만나는 수업을 할 때면 항상 주머니에 사탕과 초콜릿 몇 개를 챙겨 다닙니다. 5분, 10분 쉬는 시간에 내가 가장 좋아하는 맛으로 당을 충전하며 에너지를 끌어올리는 거죠. 아이들은 꽤 반복적으로, 또 생각보다 오래 놀고 싶어 하는 경향이 있습니다. 그 오랜 시간 동안 반복되는 놀이에도 유쾌하고 지치지 않는 놀이 친구로 함께하려면 우리의 컨디션이 그 무엇보다 중요함을 잊지 말아야 합니다.

넷째, 나만의 무기를 만들자

다양한 그림책으로 다양한 놀이를 하면 좋겠지만, 그보다 더 좋은 게 있습니다. 바로 한 권의 그림책으로 다양한 놀이를 할 수 있는 능력을 갖추는 것입니다. 그 어떤 대상을 만나든, 어디에서 놀이하든, 준비물이 있든 없든 간에 '이 그림책 한 권만 손에 있으면 무서울 게 없다!'라는 마음이 드는 든든한 무기 같은 그림책이 있어야 합니다.

나에게 가장 만만한 그림책, 펼칠 때마다 새로운 감동이나 재미가 느껴지는 그림책, 누구와 함께 놀아도 적절한 놀이 방법을 매번 다르게 생각해 낼 수 있는 그림책을 딱 한 권 만드세요. 그런 책은 금술가로서 활동을 많이 하면 할수록 마법처럼 자연스럽게 정해지기도 합니다. '난 이 그림책을 무기로 할래!'라는 다짐이나 선택보다는 어느 순간 '아, 이 그림책이 내 무기구나.' 하고 스스로 깨닫게 되는 것이죠. 그 깨달음의 순간이 올 때 얼른 그 그림책을 낚아채서 '내 무기다!'라고 인식하셔야 합니다.

나만의 무기가 한 권, 두 권 쌓일 수도 있습니다. 그럼 그 그림책들을 책장 맨 위, 특별한 공간에 꽂아두세요. 그리고 종종 쳐다보세요. 특히 금술가로서의 회의감이나 무력감이 들거나, 상처받는 순간을 맞이했을 때 펼쳐 보세요. 나만의 강력한 무기를.

9

그림책과의 첫 기억 재미있게 만들기

"책 읽자." 혹은 "책 읽어."라는 말을 들으면 아이들은 어떤 반응을 할까요? 나이가 어린 영유아라면 책을 향해 엉금엉금 기어가거나 책을 입으로 가져갈 수 있습니다. 조금 큰 아동이라면 자신이 좋아하는 책을 가져올 수도 있지만 아예 못 들은 척할 수도 있고요. 초등 저학년이라면 학교에서 내준 독서기록장을 챙겨 오거나 학습 만화를 가져올 수도 있겠지요. 초등 고학년이라면 어떻게 할까요? '책'이라고 말하기도 전에 이미 책을 읽고 있거나, 얼굴 가득 '어휴, 지겨워. 만날 책만 읽으래.'라는 싫은 표정을 지을지도 모릅니다.

아이들이 책과 친해지는 계기, 혹은 처음 책을 만나는 순간의 경험은 추후 가물가물 기억나지 않더라도 무의식중에 책에 대한 감정을 형성하기에 매우 중요합니다. 그러니 우리 아이들 기억에 그림책과의 첫 만남을 재미있게 만들어 주는 것이 좋겠지요?

자, 아래 놀이 방법 중에서 금슬님이 하기 편하고, 아이가 가장 즐거워할 만한 것을 하나 고르세요. 그리고 즐겁게 논 후에 이렇게 말하세요. "너랑 그림책으로 노니 진짜 재밌다!"라고요.

그림책 스킨십 놀이

① 그림책 이불 놀이

금슬가 특유의 연기력이 필요한 놀이입니다. 자연스러운 대사도 필요하고요. 졸린 표정과 자연스러운 대사, 준비되셨나요? 일단 밤이 되었다며 아이를 눕힙니다. 그리고 금슬님이 "아함~ 졸리다. 벌써 캄캄한 밤이 되었네. 이제 우리 이불 덮고 자자."라고 말하며 이불을 덮어 주는 척, 그림책으로 아이 몸을 덮습니다. 다리에서 허리까지, 허리에서 가슴까지 덮어 주세요. 그림책을 펼쳐서 덮으면 고정이 잘 된답니다.

아이 가슴까지 그림책으로 덮었다면 살며시 가벼운 그림책을 펼쳐 아이의 얼굴까지 덮습니다. 아이가 너무 어리면 가슴까지만 덮어도 됩니다. 아이는 천장을 보고 있어도 되고, 엎드려 누워 있어도 됩니다. 아이가 꿈틀거리며 움직이면 "아침이야, 일어나자!" 하고 알려 줍니다. 아이는 천천히 일어나도 되고, 한 번에 일어나도 됩니다. 아이가 일어났다면 이제 금슬님이 잘 시간입니다. 아이에게 포근하게 그림책 이불을 덮어달라고 하세요. 그림책 이불을 덮은 채 잠이 안 온다며 투정을 부리거나 토닥여 달라고도 해 보세요. 엄마 금슬님이 아이와 함께한다면 평소 내 아이가 잠들기 전에 하는 긍정의 행동을 살짝 보여 줘도 좋습니다. 그림책 속 포근한 이야기처럼 그림책 이불 놀이를 통해 역지사지의 경험과 역할놀이까지 할 수 있답니다.

참고로 이 놀이는 너무나 즐겁고 재미있지만 주의사항이 있습니다. 그림책 책장에 베이지 않도록, 그림책의 각진 모서리에 찔리지 않도록 주의하는 것입니다. 아무리 주의해도 다치는 것은 한순간이니 이 활동만큼은 금슬님의 지혜로움으로 안전하고 즐겁게 놀 수 있도록 그림책 선택에 유의하고 과격한 움직임을 하지 않는 놀이가 되도록 유도해 주세요.

② **그림책 악어 놀이**

그림책을 가로 잡아 두 손으로 그림책의 중간 부분을 악어의 입처럼 펼친 후 마치 악어 입처럼 아이의 다리나 팔, 어깨나 머리카락, 머리를 "앙!" 하고 물어요. 너무 무서워하지 않도록 귀여운 악어가 되어야겠죠? 그림책 악어 입을 벌린 채 두리번거리면서 "오늘 날씨가 좋군. 어디 한번 먹이 사냥을 나가 볼까? 정글 숲을 지나서 가자, 엉금엉금 기어서 가자." 하고 '악어떼' 노래를 부르며 슬금슬금 다가가 "앙!" 하고 물어도 됩니다.

작은 크기의 그림책은 아기 악어로, 큰 그림책은 엄마 악어나 아빠 악어로 표현할 수도 있겠지요. 아니면 아이에게 그림책을 주며 "아기 악어야, 엄마를 따라오렴. 점심 먹으러 가자꾸나!" 하면서 자연스럽게 역할극 속으로 이끌어도 좋고요. 아이가 직접 그림책을 악어 입처럼 펼치며 집 안 작은 물건들을 무는 놀이도 할 수 있습니다.

금슬님과 아이가 함께 그림책 악어가 되어 그림책으로 만든 입으로 페트병 빨리 옮기기, 공 한꺼번에 많이 먹기, 고무줄 먹기 도전 등 다양한 놀이로 변형해도 재미있습니다.

그림책 공간 놀이

① 그림책으로 집 만들기

그림책을 살짝 펼쳐 바닥에 몇 권 세웁니다. 그 위에 그림책을 가로로 눕히고 그 위에 다시 그림책을 세우는 식으로 여러 층을 쌓아 올려 집을 만들어 봅니다. 삼각형 집이나 원통 모양의 집도 좋고, 비슷한 크기의 그림책끼리 쌓아 길게 연결해도 좋습니다.

집을 완성한 뒤 층마다 어떤 공간들이 있는지, 이 집에는 어떤 이들이 사는지, 집의 이름은 무엇인지 등 자연스럽게 이야기를 만들고 공유하세요. 쌓은 그림책 집 안을 장난감으로 꾸민 후 작은 인형으로 역할놀이를 해도 좋습니다.

② 그림책 울타리 만들기

그림책을 펼쳐 세워 그림책 울타리를 만들어 봅시다. 넓은 그림책 울타리로 아이만의 놀이터를 만들어도 좋고, 아이 주변을 감싸는 좁은 그림책 울타리로 집과는 또 다른 느낌의 공간을 표현해도 좋습니다. 또 그림책을 도미노처럼 세워 도미노 모양의 울타리를 만들 수도 있고, 그림책 펼침면을 바닥으로 향하게 세워 낮은 울타리로 만들 수도 있습니다. 큰 테이블이나 의자를 중심으로 주변에 책을 둘러 세워 색다른 공간을 연출해도 재밌답니다.

그림책 울타리를 완성한 후엔 울타리 안과 밖 공간에 확연한 차이를 만들어 보세요. 예를 들어 울타리 안에서는 살살 걷고, 울타리 밖에서는 쾅쾅 걷기, 울타리 안에서는 존댓말을 쓰고 울타리 밖에서는 반말 쓰기, 울타리 안에서는 웃는 표정으로 말하고 울타리 밖에서는 화난 표정으로 말하기 등 규칙을 만드는 겁니다.

그림책으로 만든 울타리를 기본으로 안과 밖, 이쪽과 저쪽을 구분하기 때문에 극과 극의 다양한 상황 연출을 하며 놀다 보면 순식간에 진지한 태도로 기발한 울타리를 만드는 아이 모습이 신기하게 느껴질지 모릅니다. 아이들의 순발력과 창의력은 언제나 어른을 앞서니까요.

그림책 움직임 놀이

① 그림책 징검다리

그림책을 바닥에 띄엄띄엄 놓고 징검다리를 건너듯 폴짝폴짝 뛰어 보세요. 단, 그림책을 밟고 미끄러질 위험이 없도록 미끄럼 방지 매트 위에서 하거나 그림책을 테이프로 고정하는 등의 안전 조치를 미리 해야 합니다.

그림책을 지그재그로 놓거나 구불구불 놓아서 다이내믹한 징검다리를 만들어 보아요. 그림책 징검다리를 밟으며 지날 때 금술님이 먼저 특정 소리를 내거나 정해진 말을 하면 좋습니다. 한 권, 한 권 밟을 때마다 "펑! 퐁! 팽! 퐁!" 하며 그림책 징검다리를 건너거나 안방에서 화장실까지 가는 그림책 징검다리를 만들어 놓고 "나는! 혼자서! 화장실! 간다! 으하하! 이히히!" 말하며 건너는 것이지요. 다시 한번 말하지만, 그림책 징검다리 활동 때는 미끄러지지 않게 안전에 유의하세요.

② 그림책 도미노 만들기

일정한 간격을 두고 그림책을 세워 도미노 놀이를 해 봅니다. 큰 그림책부터 작은 그림책으로 크기 순서대로 세워도 좋고, 빨간색, 주황색, 노란색 등 표지의 주된 색깔에 따라 세워도 좋습니다. 그림책 도미노 만들기는 인내심과 집중력을 키워 주고 금술님과 아이가 함께하며 유대관계를 맺기 좋습니다. 자꾸만 중간에 쓰러져서 아이가 속상해한다면 "실패해도 괜찮아!" 하고 응원하며 다시 시작할 수 있는 용기를 북돋아 줍니다. 또한 그림책은 원래 도미노용 장난감이 아님을 알려 주고, 우리가 함께 힘을 합쳐 특이하고 기발한 그림책 놀이에 도전 중임을 알려 주세요.

③ 그림책 워킹하기

그림책을 머리에 올리고 손은 내린 채 모델이 된 듯 걷는 놀이예요. 미리 현관 앞에서 베란다까지, 큰방에서 작은방까지 등 동선을 정한 후에 그림책을 머리 위에 얹은 채 떨어뜨리지 않고 끝까지 걸어가면 성공입니다. 그림책 워킹으로 균형감각은 물론 집중력도 키울 수 있습니다. 빠른 템포의 음악, 느린 템포의 음악을 번갈아 가며 틀어 주세요. 모델 특유의 워킹이 저절로 나올 겁니다. 참, 모델 특유의 표정과 멈춤 포즈도 잊지 마세요.

그림책 표지 놀이

① 그림책 표지로 이야기 만들기

그림책 이야기를 공유할 때 가장 많이 하는 활동이 바로 그림책 표지만 보고 어떤 이야기인지, 누가 나오는 이야기인지를 상상해 보는 놀이입니다. 이 놀이를 할 때는 지켜야 할 것이 있습니다. 그림책 표지를 보며 '충분히 다양한' 이야기를 상상하고 그것을 공유하는 시간을 가져야 한다는 것입니다. "아, 그런 이야기일 것 같구나! 그래, 진짜 그런 이야기인지 우리 그림책을 보면서 확인할까?" 하고 쓱 넘겨 버리면 재미있는 시간을 제대로 누리지 못하고 지나가는 것입니다. 표지를 보고 상상한 이야기가 그림책에 담겨 있는 이야기와 다르면 다를수록 진짜 그림책 이야기를 마주했을 때 반전의 재미가 더 크고 진하게 느껴지니 표지를 보고 이야기 나누는 시간을 충분히 가지세요.

② 그림책 표지 이야기 이어 나가기

한 권의 그림책 표지를 보고 떠오르는 이야기를 만든 후, 한 권을 더 가져와 또 다른 이야기로 이어 나갑니다. 두 권의 그림책 표지로 이야기의 '처음-끝'을 만들 수도 있고, 그림책 세 권으로 이야기의 '처음-중간-끝'을 만들 수도 있습니다. 몇 권의 그림책이든 그림책 표지 그림이나 제목만으

로 하나의 이야기를 만드는 데 집중하면 됩니다.

두 명이 함께 논다면 각자 선택한 그림책 표지를 조합해 하나의 이야기로 만들 수도 있습니다. 이야기는 아주 간단해도 좋아요. 그림책 표지만을 보고 자연스럽게 머릿속에서 이야기를 만들면서 즐거운 시간을 보내면 성공이니까요.

③ **그림책 제목 글자 조합 놀이**

우선 그림책 다섯 권을 바닥에 놓습니다. 그리고 그림책 제목에서 딱 한 글자씩만 빼서 조합하여 새로운 하나의 단어를 만들어 봅니다. 내 이름이 나올 수도 있고, 물건이나 자연물 단어를 만들 수도 있어요. 아니면 누군가가 할 수 있는 말도 좋습니다. 한 글자씩 빼서 단어를 만든 후에는 그림책 제목을 활용해 하나의 문장 만들기도 해 보세요.

9 그림책과의 첫 기억 재미있게 만들기

Part 2

그림책 예술놀이 방법들

chapter 1

움직이며 노는 그림책 예술놀이

움직임은 예술놀이에서 빼놓을 수 없는 기본 활동입니다. 온몸에 힘을 주어 움직이든, 손가락 하나만 까딱하거나 발끝만 까딱하고 움직이든 모두가 움직임입니다. 움직임은 움직이는 이가 움직이고 있다는 것을 의식하지 못할 정도로 자연스럽게 움직일 때 가장 즐겁습니다. 움직임을 의식했지만 그런데도 자연스럽게 몸이 움직인다면 이 또한 훌륭하고요. 혼자 움직이는 것도 좋지만 함께 움직인다면 더 좋습니다.

그림책을 펼쳐 놓고 어느 순간부터 내가 그림책의 주인공이 되어 움직이는 마법 같은 경험을 해 보면 어떨까요? 무대 위 주인공이 되어 춤을 추고, 날개가 생겨 하늘을 날고, 동물이나 자연물이 되어 움직인다면요?

아주 짧은 시간의 움직임이어도 좋고 지루할 정도로 긴 시간의 움직임이어도 좋습니다. 가장 중요한 것은 '내 몸이 뭔가를 표현하는 느낌'을 즐기는 겁니다. 아이들이 움직임을 낯설어하거나 부담스러워하면 두 명씩 서로 마주 보게 하고 한 명이 아주 천천히 움직이고 다른 한 명이 그 느린 움직임을 똑같이 따라 하는 활동으로 시작해 보세요. 마치 거울 놀이처럼요. '내가 이렇게 움직일 수도 있구나! 움직일수록 신나네!' 이렇게 움직임의 기쁨을 느낄수록 몸놀림이 가벼워지고 타인의 시선으로부터 자유로워집니다.

> 나만의
> 춤을 추며
> 놀기 ♪

《고양이춤》 아라 지음
노란상상 | 2020

    이 그림책을 처음 봤을 때가 생각납니다. 책장을 넘길수록 미소가 점점 웃음으로 바뀌더니 '냥! 냥!' 하고 춤을 따라 추는 장면에선 정말 빵! 터졌었죠. 그리고 생각했어요. '이건 자유, 그 자체야!'라고. 가장 좋았던 장면은 바로 이 부분이었어요. '너무 잘 출 필요 없어. 그냥 즐겁게 추면 돼. 이렇게!'라고 말하며 움직이는 고양이가 있는 장면이요.

    '춤'이라고 하면 어른인 우리는 걱정부터 앞서죠. 움직이는 것을 부담스럽게 느끼니까요. 하지만 엉성하면 어때요, 나만의 춤인 것을요! 그림책 속 고양이의 움직임을 따라 해 보세요. 그리고 기억하세요. 너무 잘 추려고 하면 안 된답니다. 그냥 즐겁게 즐기세요. '냥!'

놀이법

그림책 속 '냥!' 고양이 춤을 따라 추다가 '멍!' 강아지 춤도 추고, '흥!' 사자춤, '북!' 거북 춤도 추세요. '빠!' 아빠 춤도 만들고 '엥!' 할머니 춤, '얍!' 선생님 춤에 '슝!' 친구 춤도 만드는 겁니다. 춤을 추면서 "이건 나무 춤이야.", "이건 애벌레 춤!" 하며 서로 이야기해도 재미있겠죠?

마무리는 "이건 지쳐 춤이야. 춤추다 지친 선생님이 추는 춤이지." 하면서 털썩 의자에 앉아 다리만 까딱거려도 좋습니다. 그것도 춤이니까요. 서툰 춤일수록 좋고, 막춤일수록 좋고, 엉망진창일수록 좋습니다.

단 아시죠? 함께하는 금슬님이 먼저 몸과 마음을 열어야 한다는 사실을요. "용기를 내요. 냥! 즐겁게 추면 된다냥!"

💬 도움말

아이들이 자연스럽게 춤을 춘다고 느껴지면 갑자기 "얼음!"을 외쳐 보세요. 그리고 얼음 땡 놀이처럼 가만히 춤추던 자세 그대로 멈추는 겁니다. 그러다 금슬가든 아이든 누군가 "땡!"을 외치면 다시 춤추기 시작해요. 신나는 음악과 함께 춤을 추면 더 좋겠지만, 음악이 필수는 아닙니다. 음악을 들으면 음악 분위기나 가사, 혹은 특정 춤동작을 따라 할 수도 있거든요. 무반주춤도 꽤 괜찮습니다. 오히려 더 신날 수도요.

> 나만의
> 춤을 추며
> 놀기 ♪

《춤바람》 박종진 지음
송선옥 그림 | 소원나무 | 2021

'지금까지 이런 춤은 없었다. 이것은 춤인가, 바람인가!' 이 그림책은 가족이 함께 사진을 찍으며 봄을 만끽하는 이야기를 담고 있습니다. 그림책 속 주인공인 선동이와 율동이 형제가 알려 주는 춤 동작과 재치있는 춤 이름은 아이들 특유의 재미난 상상력을 끌어내지요. 나비춤, 곰춤, 엉덩이춤, 접시춤, 조개춤, 어깨춤, 너울춤, 방울춤, 용춤, 번개춤까지 그림과 너무나 잘 어울리는 열 가지 춤 동작은 사랑스러움 그 자체입니다.

우리는 어떤 춤바람을 불러일으킬 수 있을까요? 아이와 주변 사물이나 자연물을 관찰하며 그 움직임을 따라 해 보세요. 바람에 흔들리는 나뭇가지 춤, 가다 서기를 반복하는 도로 위 자동차 춤, 길가에 줄지어 바쁘게 어디론가 가는 개미 춤 등 일상생활에서의 평범한 움직임을 탐색하여 춤으로 만들어 보세요.

 놀이법

오늘을 보내며 마주했던 장면을 떠올려 춤으로 만들어 볼까요? 아이들에게 제안하기 전, 금슬님이 먼저 춤을 추세요. 맛있는 음식을 먹었을 때 추는 행복한 춤, 반가운 친구를 만났을 때 추는 우정 춤 등을 먼저 공유하는 겁니다. 행복했던 순간들을 표현하면 다시 한번 기분이 좋아질 거예요. 정말 피하고 싶은 상황이나 긴장되고 불안한 순간들을 떠올려 그 작은 움직임을 춤으로 만들 수도 있어요. 회사에서 갑자기 야근해야 할 정도로 일이 많아졌을 때 추는 춤, 대형마트에 갔는데 휴대전화를 잃어버렸을 때 추는 춤 등 불안한 순간을 춤으로 표현하는 겁니다.

아이들에게 불안한 순간을 찾아 춤으로 만들어 보라고 하면 여러 가지 춤을 선보입니다. 치과에 가서 진료 의자에 누웠지만 입을 벌리기 싫을 때 추는 춤, 주사 맞기 전 아플까 봐 무섭고 초조한 마음이 들 때 추는 춤, 아침에 늦게 일어나서 학교에 지각할까 봐 뛰면서 추는 춤 등이요. 아이와 함께 두려웠던 순간을 즐겁게 표현하며 상황을 공유하다 보면 어느새 그 마주하기 싫은 순간의 부정적 감정들이 조금씩 누그러들 겁니다.

| 나만의
| 춤을 추며
| 놀기 ♪

《춤을 출 거예요》 강경수 지음
그림책공작소 | 2015

　움직이며 놀 때 중요한 것 중 하나가 바로 '타인의 시선 의식하지 않기'입니다. 마음대로 자유롭게 움직이려 할 때마다 자꾸만 타인의 시선이 신경 쓰여 움츠러들거나 소극적으로 움직이는 아이들이 의외로 많아요. '다른 친구들은 어떻게 하고 있지? 이렇게 움직여도 되는 걸까? 나를 비웃으면 어쩌지?' 이런저런 생각에 몸이 점점 굳어져 버립니다.

　그럴 때 저는 이 그림책을 읽어 줍니다. 그리고 이 그림책 표지부터 본문까지 열두 번이나 반복되는 말을 함께 큰 소리로 읽지요. 그 말은 바로 "춤을 출 거예요."라는 그림책 속 소녀의 말 한마디입니다. 어떤 장소나 상황에도 상관없이 꿋꿋하게 춤을 추는 소녀의 모습은 멋짐을 넘어서 아름다

움에 가깝습니다.

여러분은 무엇을 할 때 시간 가는 줄도 모르고 집중하며 빠져들었나요? 이미 했지만 다시 해도 재미있고 계속하고 싶은 것 중의 하나가 바로 춤 아닐까요? 우리 아이들도 그림책 속 소녀처럼 장소나 상황에 구애받지 않고 뭔가에 폭 빠져 시간 가는 줄 모르고 즐겼으면 좋겠습니다. 뭔가가 너무너무 하고 싶어서 힘들어도 그것을 위해 꾹 참고 어떤 목적을 달성하기 위해 꾸준히 노력하고 싶다는 마음이 한 번쯤 들었으면 좋겠어요. 그것이 춤이든 노래든 악기 연주든 공부든 운동이든 뭐든 말입니다.

강 위에서 춤을 출 거예요.

놀이법

준비물 : 두꺼운 도화지, 색연필(사인펜), 가위, 양면테이프

두꺼운 도화지에 춤추는 자신의 모습을 머리부터 발끝까지 그립니다(아이가 원한다면 그림책 속 주인공을 따라 그려도 좋습니다). 되도록 팔이나 다리가 역동적인 모습일수록 좋습니다. 평소 자신이 하지 못하는 자세를 떠올리며 그려도 좋고, 춤추는 모습을 자세하게 그리기 어려우면 춤추는 동작 형태만을 대충 그리고 색칠해도 됩니다. 종이 인형의 형태를 따라 오린 후 여기저기에 양면테이프로 붙여요. 춤추기 힘들 것 같은 공간이나 춤추는 무대로는 전혀 어울리지 않는 공간에 붙이면 더 재미있답니다.

집 안이라면 종이 인형을 여기저기 옮기며 춤추는 모습을 사진으로 찍어도 좋아요. 화초 위나 밥통 위에서 춤을 출 수도 있고 변기 뚜껑이나 살짝 열린 옷 서랍 위에서 춤을 출 수도 있겠지요. 아이에게 익숙한 집 안 이곳저곳이 순식간에 종이 인형이 춤을 추는 무대로 변할 거예요.

도움말

놀이터나 공원 등 밖에 나가서 활동하면 집 안과는 다른 상상력을 불러일으킵니다. 나는 하기 힘든 춤 동작이지만, 나는 가기 힘든 곳이지만, 내가 만든 종이 인형은 어떤 모습으로든, 어디에서든, 자유롭게 춤을 출 수 있지요. 종이 인형을 통해 간접 경험을 하는 겁니다.

휴대전화로 종이 인형이 춤추는 곳마다 사진을 찍어 한꺼번에 훑어보세요. 사진을 프린트한 후 한쪽 벽에 전시해도 좋고요. 나를 대신한 종이 인

형이 여기저기서 춤을 추는 모습을 보며 나를 가로막고 있던 고정관념을 없앨 수 있고 상상력을 키울 수 있답니다.

📖 플러스 놀이

준비물 : 모루 끈, 가위, 낚싯줄, 양면테이프

모루 끈으로 춤추는 동작을 만들어 춤의 자세를 따라 해도 좋습니다. 모루로 둥근 얼굴과 팔다리 모양을 만들어 춤추는 형상으로 구부린 후 그 모양대로 춤 동작을 취하는 겁니다.

모루 인형 찾기 놀이도 재미있습니다. 자신이 춤추고 싶은 곳마다 나를 대신해 춤을 추는 모루 인형을 여러 동작으로 만들어 붙인 후 친구들을 초대해 따라 하고 싶은 춤동작을 하는 모루 인형 하나를 정하도록 합니다. 먼저 한 친구가 자신이 고른 모루 인형의 춤 동작을 따라 하면 나머지 친구들이 그 춤 동작과 비슷한 모양의 모루 인형을 찾는 겁니다.

또 다른 그림책들

춤

이세경 지음 | 반달 | 2018

우린 이미 하루에 두세 번은 춤을 추고 있습니다. 라면을 먹을 때, 반찬을 집을 때도 춤을 추고 있지요. 바로 젓가락 춤이요!
식탁에서 젓가락으로 춤을 추면 어른들은 분명 이렇게 말씀하시겠죠. 식사 시간에 젓가락으로 장난치면 안 된다고요. 하지만 이 그림책을 보고 나서는 괜찮습니다. 젓가락 장난이 아니라 젓가락이 추는 춤이니까요. 국수나 스파게티 면을 삶은 후 한 가닥을 젓가락으로 잡은 채 젓가락 춤을 춰 보세요. 회오리 춤, 지그재그 번개 춤, 춤추다 입속으로 먹히는 춤, 두 가닥이 만나는 춤 등을요.

난 나의 춤을 춰

다비드 칼리 지음 | 클로틸드 들라크루아 그림 | 이세진 옮김 | 모래알(키다리) | 2021

전형적인 틀이나 고정관념에서 벗어난 사랑스러운 일곱 살 아이 오데트. 남의 시선을 의식하지 않고 꿀벌 옷을 입고 '자신만의 춤'을 추는 이야기를 담은 이 그림책은 자신이 무엇을 원하는지에 대해 생각하게 해 줍니다.
그림책을 읽고 오데트처럼 나를 대표하는 춤을 만들어 봅니다. 언제, 어디서든 "춤 추자!"라는 제안을 받으면 바로 출 수 있는 나만의 춤을요. 자기 이름을 붙여 춤 이름을 만들어도 좋고, 전혀 새로운 춤 이름을 만들어도 좋아요. 포인트는 언제, 어디서든 내가 자신 있게 출 수 있는 춤이어야 합니다. 내 춤이니까요.

> 또 다른 그림책들

눈 속에서 춤을

애디 보즈웰 지음 | 메르세 로페스 그림 | 문지애 옮김 |
그린북 | 2021

눈 오는 날, 눈 위를 밟다 보면 뽀득뽀득 눈 밟히는 소리에 나도 모르게 발걸음이 가벼워집니다. 아무도 밟지 않은 하얀 눈 위를 걸을 때의 기분도 좋지만, 누군가가 남겨 놓은 발자국을 따라 걸어도 참 재미있지요.
눈 속에서 춤을 추듯 스텝을 밟아 볼까요? 바닥에 종이나 테이프로 발자국을 만들어 붙이고 그 발자국 위로 스텝을 밟습니다. 쭉쭉 미끄러져도 좋고, 종종걸음을 해도 좋아요. 그림책 속 주인공처럼 혼자 눈 위를 즐기듯 리듬감 있게 발자국을 따라 밟아 보는 거예요. 만약 지금 밖에 눈이 내린다면 다른 사람의 발자국을 따라 춤추듯 걸으면 더 좋겠죠. 눈 오는 날의 추억을 춤추듯 만들어 보아요.

밥·춤

정인하 지음 | 고래뱃속 | 2017

세상에는 춤을 추는 사람들이 참 많아요. 택배 일을 하는 분은 어떤 춤을 출까요? 수타면을 만드는 요리사는요? 이 책에서는 큰 사거리에서 교통정리를 하는 경찰관도, 채소 정리를 하는 사장님도 춤을 추고 빗자루를 든 환경미화원도 춤을 춥니다. 묵묵히 자기 일을 하며 살아가는 평범한 사람들의 모습을 보고 우리도 한번 춤을 만들어 봅시다. 가방을 멘 학생 춤, 가르치는 선생님 춤, 거리를 걸어가는 엄마 춤, 느긋하게 통화하는 아빠 춤을요.

내 몸과
함께 놀기

《알록달록 손바닥 친구》
게르다 크루세 지음 | 전은경 옮김
푸른숲주니어 | 2019

    이 그림책은 '우정'이라는 주제로 초등학교 1학년 아이들이 손도장을 찍어 만든 이야기입니다. 각자의 방식과 방법으로 누군가와 친구가 되는 이야기를 장면마다 재치있고 따스하게 담아냈지요.
    다양한 모양으로 찍은 알록달록 손바닥 흔적들이 새로운 인물이 되어 친구를 만들어 가는 이야기를 함께 읽고 직접 손바닥 도장을 찍어서 새로운 친구를 만들어 보세요. 우리 아이들의 머릿속과 마음속에 숨겨져 있던 이야기들이 예쁜 손바닥 친구로 만들어질지도 모릅니다. 새로운 친구를 만났다면 즐겁게 이야기를 나누어 볼까요?

놀이법

준비물 : 도화지, 물감, 쟁반, 눈코입 스티커 또는 매직

손바닥을 펼쳐 쟁반에 짜 둔 물감을 묻힌 후 종이에 찍어요. 그림책에 나온 모양대로 찍어도 좋고, 새로운 모양으로 찍어도 좋아요. 이리저리 찍고 나서 잠시 말리는 시간을 가집니다. 손도장 그림이 다 마르면 다양한 손바닥 친구를 모양을 따라 오린 후 매직으로 눈, 코, 입을 그리거나 눈코입 스티커를 붙여요. 사람이 될 수도 있고, 동물 혹은 새로운 생명체가 될 수도 있겠죠. 될 수 있으면 그림책 속 그림을 따라 하기보다 나만의 친구를 만드는 게 좋아요. 아이가 원하고 여건이 된다면 발바닥 도장도 도전해 보세요. 물감 준비가 쉽지 않다면 손 어딘가에 눈만 그려 넣거나 눈 스티커를 붙여 놀아도 됩니다.

📗 플러스 놀이

손바닥으로 새로운 모양을 만드는 것도 중요하지만 그보다 더 중요한 건 자신이 만든 손바닥 모양을 의인화하여 하나의 역사를 만들어 주는 것입니다. 손바닥 도장을 찍어 만들어진 모양에 눈 스티커를 붙여 꾸민 후 이름을 지어요. 그리고 성격은 어떤지, 무엇을 좋아하고 무엇을 싫어하는지, 꿈은 있는지, 요즘 어떤 놀이를 하며 노는 걸 좋아하는지 등의 이야기(역사)를 만들어 주는 것이지요.

역사를 다 만든 후엔 그것을 공유하는 시간이 꼭 필요합니다. 금술님이 먼저 "나는 말이야." 하고 새로운 인물이 되어 그 인물의 목소리로 자신을 소개해 주세요. 그런 다음 자연스럽게 "반가워. 너는 누구니?" 하고 아이에게 말을 걸면 됩니다. 꼬리에 꼬리를 물 듯 아이의 말에 새로운 질문을 던지며 구체적인 역사를 만들고 그것을 공유하다 보면 어느새 인물의 역사는 눈덩이 굴리듯 풍성해져 새로운 에피소드들이 만들어질 것입니다.

💬 도움말

아이가 새로운 인물이나 사건, 장소를 제시하면 그냥 따라가도 되니 크게 부담을 갖지 마세요. 과한 리액션으로 장단을 맞춰 준다거나 더 새로운 것을 제시해야 한다는 부담감을 내려놓고 그저 아이가 이끄는 대로 따라가 보세요. 우리 아이가 만드는 상상 세계에 초대받았다는 마음으로, 슬쩍 발을 들여놓는다는 마음으로요.

> 내 몸과
> 함께 놀기 ♪

《나에겐 비밀이 있어》
이동연 지음 | 올리 | 2022

우리 몸은 어떤 역할을 할까요? 또 우리의 몸을 어떤 눈으로 바라보고 탐색해야 할까요? 나의 몸을 있는 그대로 사랑하는 건 생각보다 쉽지 않은 일입니다. 남녀노소를 불문하고 자신의 몸, 생김새에 대한 콤플렉스 한두 가지 정도는 가지고 있으니까요.

이 그림책에 나오는 아보카도는 자신의 원래 모습을 두꺼운 화장으로 감추어 망고로 분장합니다. 그리고 자신이 아보카도라는 게 탄로 날까 봐, 그래서 친구들이 떠날까 봐, 늘 불안해합니다. 아보카도는 왜 망고의 모습으로 친구를 만나는 걸까요? 친구들은 정말 망고 모습을 한 아보카도의 정체를 알게 되면 아보카도를 떠날까요?

남에게 보이는 외적인 부분에 신경을 많이 쓰며 자신의 몸을 마음에 들어 하지 않는 아이들이 있지요. 또 외모에 있어 타인의 말 한마디에 예민하게 반응하는 아이들도 있고요. 자신의 원래 모습을 부정하고 전혀 다른 모습을 한 채 밖으로 나가던 아보카도가 진짜 자신의 모습을 찾고 인정하게 되는 이 그림책은 자아존중감에 대한 중요한 메시지를 던집니다.

그림책을 읽으며 망고의 모습으로 친구를 만나는 아보카도가 되어 보기도 하고, 망고의 모습을 한 아보카도를 지켜보는 친구가 되어 보기도 하고, 콤플렉스로 여기는 신체 부위가 되어 보기도 하는 등 '역할 바꾸기' 활동을 해 봅니다. 역할 바꾸기는 자신의 말과 행동, 생각들이 상대방에게 어떻게 느껴지는지를 인식하게 해 주고, 평소 자신의 모습을 직면하여 돌아보게 하는 계기가 되어 줍니다. 이 그림책은 아이들은 물론 타인의 시선을 의식하며 살아가는 우리 어른들이 읽어도 참 좋습니다.

 놀이법

준비물 : 직사각형 포스트잇, 연필

포스트잇 뒷면(접착 면)에 자신의 몸 중 가장 마음에 들지 않는 곳 한 군데와 그 이유를 되도록 자세히 쓰게 합니다. 그냥 '못생겨서'나 '마음에 안 들어서' 등의 간단한 이유는 안 됩니다. 이유를 자세하게 쓸수록 발표가 재미있어지거든요. 다 쓴 후에는 금슬님이 한꺼번에 걷어 칠판에 붙입니다. 포스트잇의 뒷면에 썼기 때문에 칠판에 붙은 포스트잇의 내용은 보이지 않겠지요. 먼저 금슬님이 시범을 보이세요. 칠판에 붙인 포스트잇 중 하나를 떼어 혼자 읽은 후 '누군가가 마음에 들어 하지 않는 신체 부위'가 되어 불만을 얘기하면 다른 아이들이 어디인지 맞추는 겁니다. 여기서 중요한 건, 누가 어떤 부위를 마음에 들어 하지 않는지를 서로 모른다는 겁니다. 포스트잇에 이름은 쓰지 않았으니까요.

활동 전에 미리 다른 친구가 자신이 쓴 신체 부위가 되어 말을 할지도 모르고, 자신이 쓴 신체 부위를 자신이 발표하게 될 수도 있다고 공지하면 좋습니다. 누군가가 발표할 때 절대 하지 말아야 할 것은 "저거 네가 쓴 거지?" 하고 추측하여 지적하는 것입니다. 단, 발표 내용을 다 듣고 "아, 저거 내가 쓴 거다!" 하고 스스로 밝히는 것은 좋습니다. "저거 나야, 나!" 하고 밝히면 손뼉을 친 후 말해 주세요. "네가 그걸 맘에 안 들어 하는지 전혀 몰랐어!" 하고요.

플러스 놀이

몸의 특정 부위의 장점을 탐색하고 이야기 나눌 수도 있습니다. 평소에 잘 눈여겨보지 않았던 신체 부위면 더 좋겠죠?

"나는 진짜 내 주인님이 이해가 안 돼. 원래부터 내가 이런 색이 아니었거든. 주인님이 햇빛을 너무 많이 봐서 까맣게 된 건데, 자꾸 나한테만 까맣다고 뭐라고 하잖아. 선크림도 안 바르고 모자도 안 쓰고 햇빛 아래에서 놀았으니까 당연히 내가 새까매지지. 왜 주인님은 그걸 모르는 걸까? 근데 실은 말이야, 나는 지금 내 색깔이 너무 좋거든? 솔직히 주인님이 여름에 더 많이 놀았으면 좋겠어! 난 어둡고 까만 내가 좋아." (정답: 피부)

> 내 몸과
> 함께 놀기 🎵

《재미있는 내 얼굴》 니콜라 스미 지음
마술연필 옮김 | 보물창고 | 2014

　가만히 거울 속의 내 얼굴을 쳐다보며 이런 생각을 한 적 없나요? '참 신기하게 생겼네.' 하고요. 어떻게 보면 신기하고, 어떻게 보면 재미있고, 또 어떻게 보면 멋지게 생긴 내 얼굴.

　시시각각 변하는 다양한 감정을 한눈에 확인할 수 있는 이 그림책은 그냥 그림책을 읽을 뿐인데도 책을 보는 이의 표정을 자연스럽게 변하게 합니다. 주인공의 화난 표정을 보면 자연스럽게 보는 이도 화난 표정이, 찡그린 표정을 보면 보는 이도 찡그린 표정이 되는 것이지요. 마치 거울을 마주하고 있는 것처럼 나도 모르게 그림책 속 주인공을 따라 표정을 짓게 되는 신기한 경험에 즐거운 예술놀이를 더해 내 얼굴을 탐색해 보세요.

 **놀이법**

준비물 : 동그란 종이 여러 장, 색연필이나 크레파스

동그랗게 오린 종이를 반으로 접은 후 반달 모양이 된 종이에 입술 부분만 그립니다. 웃는 입술 모양, 우는 입술 모양, 우울한 입술 모양, 하품하는 입술 모양 등 여러 입술 모양을 종이에 그린 후 입술 모양이 보이지 않도록 뒤집어 무작위로 섞고 아이에게 그중 하나를 고르게 합니다. 그리고 거울을 보며(혹은 무대 앞에 나와) 입술 위에 종이를 대고 입술 모양과 어울리는 눈과 코의 표정을 만들어 봅니다. 이때 효과음을 내도 좋고 대사를 만들어 말해도 됩니다. 포인트는 입술이 표현하고 있는 감정과 어울리는 눈빛 연기를 보이는 것입니다. 다양한 입술 모양을 모아 한 장씩 뒤로 넘기면서 순간순간의 눈빛 연기를 해도 좋습니다.

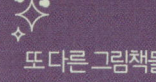

또 다른 그림책들

나의 손

푸아드 아지즈 지음 | 권재숙 옮김 | 봄개울 | 2020

우리의 손은 무엇을 표현할 수 있을까요? 어떤 걸 말해 줄 수 있을까요? 뭔가를 가르쳐 주는 손, 연주하는 손, 위로해 주는 손 등 그림책 《나의 손》은 다양한 역할과 의미를 담고 있는 손을 탐색합니다. 이 책을 보고 다른 손을 탐색해 볼까요? 가족이나 친구, 주변 이웃의 손이어도 좋고, 어떤 특정 인물이나 직업 등을 놓고 그와 어울리는 손의 모양이나 특징을 표현해도 좋습니다. '선생님'이라는 직업을 가진 손은 어떻게 표현하면 좋을까요? 보드마커를 들고 있는 손일지도 모르고 책을 펼치고 있는 손일지도 모르겠네요.

손이랑 놀아요

이종미 지음 | 토토북 | 2014

손은 요술쟁이 같아요. 이렇게 하면 달팽이가 되고, 저렇게 하면 눈사람이 되니까요. 《손이랑 놀아요》는 혼자서 또는 함께 손가락을 접었다 폈다 하며 다양한 동물, 사물을 만듭니다. 따라서 하다 보면 소근육 발달은 물론 탐구력까지 키워 주는 귀여운 그림책입니다. 아이가 금술님의 손을 만져가며 모양을 만들어도 되고, 어두운 곳에서 손전등을 비춰 생긴 그림자를 통해 내 손의 모양을 탐색하고 따라서 모양을 만들어도 흥미로울 겁니다. 포인트는 손과 노는 거라는 점을 잊지 마세요.

또 다른 그림책들

변신 요가

홍미령 지음 | 모래알(키다리) | 2019

'어린이 눈높이 요가책'으로 알려졌지만 단순히 어린이 요가책이라고 하기엔 기발한 상상력이 가득해서 움직임을 끌어내는 '마법 요가책'이라고 부르고 싶은 책이에요. 그림책 속 요가 동작을 따라 하는 것을 시작으로 나만의 요가 동작을 만들고 이름을 붙여 보세요. 개구리 동작, 장미 동작처럼 동물이나 식물에서 이름을 따와도 되고, 짜증 날 때 하는 '짜증 멈춰' 동작, 공부하기 싫을 때 하는 '공부 싫어' 동작, 배가 부를 때 하는 '배 터질라' 동작도 좋습니다. 자기 싫은데 잘 시간이 되었을 때 하는 '잠아 와라' 동작도 좋겠네요. 혹은 아이가 자면 좋겠는데 잠들지 않을 때 엄마가 할 수 있는 '언제 잘래' 동작도요.

몸의 기분

마숑 지음 | 피포 | 2021

COVID19로 홈트 동영상이 유행이지요. 그저 눈으로만 볼 뿐 따라 할 엄두조차 나지 않는 영상이 있는가 하면 어떤 영상은 보면서 몸이 저절로 움직이기도 합니다. 이 그림책은 따라 하기 참 좋은, 간단하지만 효과 만점 스트레칭 동작을 귀엽게 담고 있습니다. 마음뿐 아니라 몸의 기분까지 살피며 찌뿌드드한 몸을 살살 풀어 주지요. 그림책 속 고양이의 구호와 동작에 맞춰 스트레칭을 해 보세요. 그리고 내게 딱 맞는 새로운 동작을 만들어 서로 따라 해 보세요. 내 몸의 기분을 이야기하며 하면 더 좋답니다.

chapter 2

그리고 색칠하며 노는 그림책 예술놀이

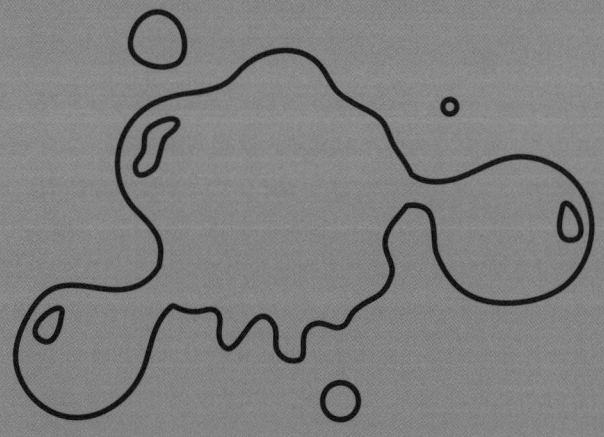

그림을 그리는 활동을 하다 보면 아이들이 크게 두 부류로 나뉩니다. 필요 이상으로 매우 조심스럽고 소심하게 그리는 아이들, 아니면 성의 없이 마구 그리는 아이들로요.

그래서 그림을 그리는 활동을 할 때 늘 아이들에게 강조하며 말하는 것이 있습니다. 바로 "과감하게!"입니다. "틀려도 괜찮아, 실수해도 괜찮아. 손이 가는 대로 마음대로 과감하게 그려 봐!" 하고 시원하게 말해 주지요.

종이와 펜만 있으면 되는 그리고 색칠하며 노는 그림책 예술놀이는 멋진 결과물이 아닌 과정에 중점을 둡니다. 선을 그을 때 삐뚤빼뚤해도 되고, 색을 칠할 때 선 밖으로 삐져나와도 됩니다. 금술가가 안내하는 임무를 이해하고 큰 틀에서 벗어나지 않는다면 아이의 자유롭고 과감한 표현은 모두 정답입니다. 그래서 정답이 없는 예술놀이와 가장 궁합이 잘 맞는 최고의 미술 기법은 '우연 기법'이라고 할 수 있지요.

미술에서 '우연의 효과를 얻을 수 있는 표현 기법'을 뜻하는 우연 기법은 데칼코마니, 마블링, 불기, 뿌리기 등이 있습니다. 여기에서는 다양한 우연 기법을 함께 즐길 수 있는 그림책을 소개합니다. 더불어 색깔과 함께 놀 수 있는 그림책도요.

점, 선, 면 그리며 놀기

《진짜 내 소원》 이선미 지음
글로연 | 2020

알라딘의 요술 램프를 문지르면 세 가지 소원을 들어주는 요정 지니가 나오지요. 이 그림책에서도 호리병을 문지르면 지니가 나온답니다. 호리병에서 나온 지니는 유연하고도 다이내믹한 '선'으로 표현되어 장면마다 새로운 이미지로 나타납니다.

나만의 지니를 탄생시키는 놀이를 해 볼까요? 어떤 형태를 그리려고 하기보다 그저 손이 가는 대로 선을 그으며 즐기면 완성되는 예술놀이입니다. 이 놀이는 "과감하게!"라는 말과 함께해야 재미있습니다.

어떤 소원을 빌지 행복한 고민을 하며 활동해 보세요. 그리고 아이의 소원은 물론 금술님도 소원을 떠올려 보세요. 빌고 싶은 소원이 너무 많아

고민인지, 아니면 간절한 소원 딱 한 가지만 떠오르는지에 대해 이야기 나누어도 좋습니다.

 놀이법

준비물 : 도화지, 12색 색연필

① 그림책을 읽고 지니에게 말하고 싶은 세 가지 소원을 생각해 봅니다. 이루어질 수 있는 소원도 괜찮고, 실현 가능성이 없는 소원도 괜찮습니다. 영화 〈알라딘〉의 OST '나 같은 친구'처럼 흥겹고 신나는 노래를 틀어 놓고 종이 위에 검은 색연필로 선이 끊어지지 않게 그립니다.

② 종이가 선으로 채워지면 선이 지나며 만들어진 면을 잘 살펴보며 부분부분 색을 채워 나만의 지니 모습을 찾습니다. 눈, 코, 입의 자리를 찾아 그리고 남은 공백에 호리병도 그려 넣어서 세 가지 소원을 이루어 주는 지니를 완성합니다.

③ 가족이나 친구들 앞에서 자신이 만든 지니를 보여 주면서 세 가지 소원 중 가장 이루어지기를 바라는 소원 한 가지를 말합니다(시간 여유가 있으면 세 가지 모두 말해도 됩니다). 하지만 그냥 소원을 말하면 재미가 없겠지요? "소문을 듣자 하니, 우리 지니는 특이한 목소리나 기발한 동작과 함께 소원을 말해야 소원을 들어준대. 소원 비는 모습이 특이해서 지니의 기억에 오래 남거나 엄청나게 웃기거나 하면 소원을 더 잘 들어준다던데?" 하고 말하며 목소리 연기나 몸 활동과 연계해도 좋습니다.

> 점, 선, 면
> 그리며
> 놀기

《쉿! 비구름》 김나은 지음
장현정 그림 | 봄개울 | 2021

    그림책을 보면서 몽환적인 느낌에 빠진 적이 있나요? 신비한 우주 한가운데 있는 듯하다가 갑자기 멍해지는 찰나의 경험이요. 이 그림책은 물감 번짐과 뿌림, 흘림 등의 기법으로 색깔 구름의 이야기를 펼쳐 보입니다. 보는 이로 하여금 색깔 구름이 펼치는 몽환적 세계에 저벅저벅 걸어 들어가게 하지요.

    그림책 속 비구름처럼 번지는 물감 색에 따라 이런저런 이야기를 만들면서 우연히 떨어지는 색 흘림과 부딪히는 색 침범에 따라 또 다른 이야기가 시작되는, 신기하고도 몽환적인 시간을 보내 보세요.

 놀이법

준비물 : 물감, 두꺼운 종이(도화지), 붓, 빨대, 가위, 수건

① 묽게 풀어 놓은 수성 물감에 붓을 적셔 도화지 위에 색깔 구름을 그려 봅니다. 그림책에 마음에 드는 색깔 구름이 있다면 그것을 따라 그려도 됩니다. 내가 색깔 구름을 만드는 사람이 되어 마음대로 그리는 겁니다. 비가 되어 하늘에서 뚝뚝 떨어지는 다이내믹한 색깔 구름을 그려도 되고, 빨대를 이용해 물감을 입으로 후 불어 번지는 색깔 구름을 만들어도 좋습니다. 온통 깜깜해진 세상을 표현하고 싶다면 검은 물감을 사용하면 됩니다. 단순히 그림책을 따라 표현하는 것 같지만 절대 그림책과 똑같은 그림이 나타나지 않을 거예요. 그래서 더 재미있고 흥미롭답니다.

② 지금 내 마음을 한 장의 네모난 하얀 종이라고 생각할 때 내 마음속 감정들은 어떤 색깔과 어떤 모습일까요? 현재 내 마음속 감정들을 다양한 색깔과 방법(번짐, 흘림, 침범, 널어짐)으로 표현해 보세요. 색깔도, 모양도 모두 내 마음대로 표현하고, 어울리는 제목도 지어요.

③ 내 감정을 도화지 여러 장에 표현했다면 한 장, 한 장에 나만의 이야기를 적어 세상에 하나뿐인 그림책을 완성해 봅니다. 큰 도화지에 여러 그림을 표현한 뒤 잘라서 작은 그림책 한 권으로 엮어도 좋아요. 다양한 우연 기법들로 채워진 그림책을 펼쳐 나만의 이야기를 써 보세요.

| 점,선,면 |
| 그리며 |
| 놀기 |

《범 내려온다》 김진 지음
김우현 그림 | 아이들판 | 2020

'범 내려온다'라는 노래를 아시나요? 한국관광공사에서 제작한 한국 홍보 해외 광고 영상 시리즈의 배경음악으로 쓰인 이날치 밴드의 노래예요. 노래뿐만 아니라 안무가들의 독특한 춤동작도 무척 인상적이지요. 이 그림책 역시 인상적인 호랑이가 표지를 점령하고 있습니다. 커다란 호랑이가 우리 전통 민화 속 모습으로 생생하게 담겨 있어서 노래를 듣고 이 그림책을 읽으면 아이들이 더 흥미로워한답니다.

이 그림책을 읽을 때 저는 먼저 표지로 마음 열기를 합니다. '범/내/려/온/다'라는 다섯 글자를 다양한 감정으로 말하도록 하는 거예요. 예를 들어 불이 나서 "불이야!" 하고 소리칠 때처럼 아주 크고 긴박하게 "범 내려온다!" 하고 소리쳐 보자고 제안하는 거죠. 다음에는 받아쓰기를 100점 맞았거나 상장을 받았을 때처럼 좋은 일이 생겼을 때의 기분으로 "범 내려온다!"를 소리쳐 보자고 제안합니다.

어떤 상황이든 좋습니다. 아이들 눈높이에서 현실감 있는 짧은 에피소드를 제시하며 '범/내/려/온/다' 다섯 글자에 다양한 감정을 넣어 말하도록 해 주세요. 설레는 상황, 배고픈 상황, 졸린 상황, 애교부리는 상황, 무섭게 말하는 상황, 화장실이 몹시 급한 상황 등 다양한 상황을 이야기하고 그때의 감정을 실어 "범 내려온다!"를 소리 내다 보면 저도 모르게 표정이, 목소리가, 행동이 달라지는 것을 느낄 수 있을 겁니다.

 놀이법

준비물 : 전지, 색연필(혹은 파스넷)

① 두 명이 짝이 됩니다. 흥겹고 신나는 노래를 배경으로 한 명은 호랑이의 갑작스러운 등장에 깜짝 놀라 도망가는 작은 동물이 되어 큰 종이 위에 자유로운 선을 그으며 도망 다니고, 또 한 명은 호랑이가 되어 작은 동물이 도망가는 선을 뒤따라 다른 색 선으로 뒤쫓습니다. 잽싸게 달려가는 호랑이와 쫓기는 동물의 긴박함과 초조함이 종이 위에 선으로 넘쳐날 것입니다. 손끝에 긴장감이, 목소리에 생동감이 가득한 아이들의 모습을 보실 수 있을 거예요.

"으악, 호 선생이 나타났다. 도망가자!", "누가 날 보고 호 선생이래, 누구얏,

누구?" 하고 둘 다 대사를 하며 종이 위에서 쫓고 쫓기면 더욱 재미있고 다이내믹합니다. 친구끼리 해도 좋고, 엄마와 아이, 아빠와 아이가 해도 좋습니다. 중간중간 금술님이 "자, 이제 호랑이는 보라색, 작은 동물은 초록색!" 하고 색깔 교체 타임을 주어 다양한 색깔의 선 긋기를 유도하세요.

② 서로 쫓고 쫓기며 그은 선이 전지 위에서 다양한 도형 모양을 만들어 내면 이제 색칠 시간입니다. 굳이 특별한 모양을 찾아내려고 하지 말고 전지 위에 불규칙적으로 만들어진 다양한 도형을 다양한 색으로 자유롭게 칠하는 겁니다. 모든 모양을 다 색칠하지 않아도 됩니다. 그저 주어진 시간 안에 즐겁게 색칠하면 됩니다.

③ 색칠이 끝나면 전지를 90도, 180도, 270도, 360도로 이리저리 돌려보며 그림 속에서 매직아이처럼 떠오르는 무언가를 찾아봅니다. 동물 얼굴이 나올 수도 있고 사람 모습이나 외계인, 혹은 괴물이 나올 수도 있습니다. 전지의 여백에 제목을 쓰고 벽에 붙여 감상해도 좋습니다.

> 점, 선, 면
> 그리며
> 놀기

《별 별 초록별》 하야시 기린 지음
하세가와 요시후미 그림
김보나 옮김 | 나는별 | 2021

'별'이라고 하면 까만 하늘에 떠 있는 반짝이는 별을 먼저 떠올리게 되지요. 하지만 이 그림책은 밤과 어울리지 않는 초록별 이야기를 담고 있습니다. 한 아이가 귤 꼭지에서 초록별을 발견하고 세상을 탐험하듯 호박, 토마토 등 다양한 채소와 과일 꼭지에서 별 모양을 찾다가 어느 순간 별 모양을 한 자기 자신까지 발견하게 되지요. 정말 기발하면서 예쁜 이야기입니다.

그림책을 읽고 다양한 별 찾기 탐험을 떠나 보세요. 내 몸에 있는 별 찾기, 손가락으로 만들 수 있는 별 찾기, 우리 집 여기저기에서 별 찾기, 자연에서 별 찾기, 손가락으로 만들 수 있는 별 모양 찾기 등을요. 그리고 점을 연결하여 선을 만들고, 선이 만나 별이 되는 놀이도 해 보세요. 어느 순간 우리 아이들의 눈 속에서 반짝이는 별을 보게 되실 겁니다.

 놀이법

준비물 : 도화지, 매직(사인펜), 15cm 자

① 두두두두두! 종이 가득 사인펜이나 매직으로 점을 찍으세요. 동그랗게 점을 그리는 것이 아니라 펜을 수직으로 세워 콕콕, 점을 찍으세요. 종이 가득 골고루 찍어도 되고, 어느 공간만 집중적으로 찍어도 됩니다.

② 이제 점을 이을 차례입니다. 자를 대고 곧게 이어도 되고, 그냥 손으로 선을 그으며 점끼리 이어도 됩니다. 단, 선이 서로 어긋나고 만나 하나의 별이 되도록 고민을 하면서 선을 이어야 해요. 혼자서 선을 그어도 되고 둘이서 순서를 정해 돌아가며 선을 그어도 됩니다. 별의 모양, 크기는 상관없어요. 점을 선으로 연결하고 선과 선이 만나 하나의 별을 탄생시키기만 하면 됩니다. 별 모양이 서로 겹친 부분만 색칠해도 멋진 별 작품이 완성된답니다.

③ 대왕별, 아기별, 친구별, 강아지별 등 별 모양에 따라 이름을 붙여 봅니다. 색에 따라 이름을 붙여도 되지요. 초록별, 노랑별, 빨강별, 주황별, 파랑별에서 무지개별까지, 다양한 별 이름을 짓고 써 보세요.

점, 선, 면
그리며
놀기

《걱정머리》 밤코 지음
향출판사 | 2022

그림책을 펼치자마자 가지가지 걱정들이 펼쳐집니다. 너무 많아서 걱정이고 또 너무 없어도 걱정이라네요. 뽀글뽀글도 걱정, 뾰족뾰족도 걱정. 작가 소개를 봤더니 역시나, 작가님도 걱정이 있으시군요. '더벅더북 곱슬곱슬 이스트 없이도 부푸는 머리카락을 가지고 있어요'라고 작가 소개를 하셨거든요.

그림책 작가님의 머리카락 때문에 생긴 걱정에서 시작한 이 그림책은 이런저런 걱정을 펼쳐 놓다가 어느 순간, 속 시원하게 걱정을 날리는 주문까지 알려 줍니다. 엉뚱하지만 재미있고, 가볍지만 재치 있게 걱정 해결법을 제시하지요. 자칫 무겁고 진지해질 수 있는 '걱정'을 가지고 이리저리 놀아 볼까요? 걱정을 완벽하게 해결해 줄 수는 없어도 내 걱정이 뭔지 확실하게 알고 자연스럽게 해결하기 위한 용기 있는 한 발자국, 아니 반 발자국 정도는 내딛게 해 줄 수 있을 겁니다.

 놀이법

준비물 : 색종이, 네임펜, 가위, 풀

걱정 없는 사람이 어디 있겠어요. 마음속 한쪽에 걱정을 가지고 살아가는 건 어른이나 아이나 마찬가지겠지요. 우리의 걱정을 한번 눈에 보이게 표현해 볼까요? 최근 가장 자주 하는 걱정 하나를 떠올려 보고 그 색깔과 모양을 상상해 색종이를 오려 봅니다. 일종의 걱정의 형태화입니다. 그려서 오려도 되고, 그냥 오려도 되고, 한가운데 구멍을 내도 되고, 갈기갈기 찢어도 됩니다. 너무 예뻐서 "이게 네 걱정이라고?" 할 정도가 되어도 좋아요. 걱정은 사람마다 다르고, 생김새는 나만이 알고 있으니까요.

어떤 아이는 분명 걱정을 눈에 보이게 만들면서 자신의 걱정에 관해 이야기할 겁니다. 또 어떤 아이는 자신의 걱정을 절대로 말하지 않을 거라며 걱정 표현하기에 주저하기도 하고요. 자신의 걱정을 이야기해도 좋고, 이야기하지 않아도 좋습니다. 우리는 해결법을 제시하려는 게 아니니까요. 우리가 해야 할 것은 '누구나 걱정을 한다.'라는 공감대 형성뿐입니다. 걱정을 어떻게 표현하든 "네 걱정은 그렇게 생겼구나!", "너의 걱정은 그런 색깔이구나!", "네 걱정은 이런 모양이구나!" 하고 인정해 주세요.

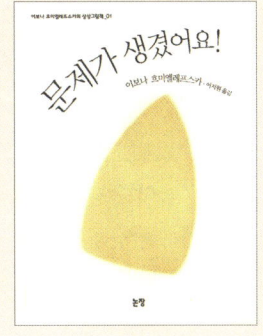

문제가 생겼어요

이보나 흐미엘레프스카 지음 | 이지원 옮김 | 논장 | 2010

엄마가 제일 좋아하는 식탁보. 그런데 다림질하다 잠시 딴생각을 하는 사이에 그만 다리미 모양 그대로 자국이 남아 버렸어요. '어떻게 해야 하지?' 이런저런 궁리를 하는 아이의 상상이 다리미 자국과 함께 다양한 그림으로 이어져 절묘하게 표현됩니다. 종이 위에 컵에 묻은 커피 흔적이나 김칫국물이 흐른 얼룩 등 다양한 것의 흔적을 의도적으로 남겨 보세요. 그리고 그 흔적을 가지고 놀아 보세요. 기발한 아이디어로 다양한 흔적들을 신나게 변형해 보는 겁니다.

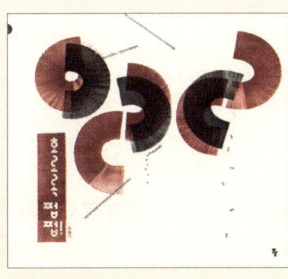

호로록 쩝쩝!

조슬기 지음 | 반달 | 2018

그림책 제목만 보고 저는 이 그림책이 무슨 국수 이야기를 담았을 걸로 오해했습니다. 가로세로 40cm가 넘는 큰 크기의 그림책을 펼치니 내용 파악이 더 안 되더군요. 눈에 잘 보이지도 않는 글자들과 뒤집혀서 읽기가 힘든 글자들, 거기다 '부스스스, 너풀너풀, 푸시시푸시시…' 이런 알 수 없는 소리로 가득했거든요. 이 그림책의 반전은 책장을 넘길수록 진하게 다가옵니다. 미스터리 스릴러 서스펜스 그림책이라고 불러야 할 만큼요. 커다란 책장을 넘기며 어떤 이야기를 하는 건지 이야기 나누는 것만으로도 즐거운 활동이 되겠지만 큰 도화지에 우리만의 알 수 없는 암호 같은 이야기를 그리고 만들어 보세요.

또 다른 그림책들

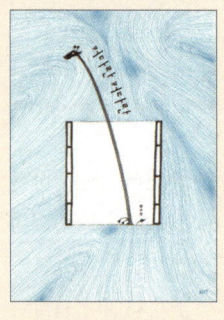

커다란 커다란

명수정 지음 | 글로연 | 2020

기린 한 마리가 배를 타고 낚싯대를 드리우고 있어요. 아주 '커다란' 물고기를 기다리면서요. 아이들은 어떤 커다란 것을 낚고 싶어 할까요? 어떤 커다란 것을 갖고 싶어 할까요? 나만의 낚싯대에 걸렸으면 하는 '커다란' 무언가를 상상하며 함께 그려 보아요.

낚싯대로 낚을 수 없는 건 없습니다. 아무리 커도, 아무리 무거워도, 아무리 힘이 세도 기린의 낚싯대는 모두 낚아 줄 거예요. '커다란' 무언가는 꼭 물건이 아니어도 괜찮아요. 식물, 동물, 외계인일 수도 있고, 어떤 감정일 수도 있지요. 뭐든 좋습니다. 즐겁게 원하는 걸 낚아 보세요!

만만해 보이지만 만만하지 않은

줄리아 사그라몰라 지음 | 이세진 옮김 | 푸른숲주니어 | 2020

'감정선'이라는 말 들어 보셨나요? 문학 작품에서 '상황에 따라 인물에게 일어나는 감정 변화의 과정'을 뜻하는 말입니다. 감정이 눈에 보이지 않듯이 감정선도 눈에 보이지 않지만, 이 그림책에서는 보입니다. 아주 확실하고 선명하게요. 우리도 오늘 하루의 감정을 굵고 얇은 선으로 한번 그어 볼까요? 다양한 선을 표현할 수 있는 도구를 준비해 오늘 나의 감정선을 그어 봅니다. 얇은 일직선, 두꺼운 물결선, 삐죽빼죽 볼펜선, 번지는 파스텔선, 두꺼웠다가 얇아지는 붓펜선도 좋습니다. 내 감정과 비슷한 선을 종이에 가득 그어 보세요.

> 또 다른 그림책들

내가 그림을 그리면

김지윤 지음 | 킨더랜드 | 2019

이 그림책은 정말 특이해요. 꽃을 그리면 팔랑팔랑 나비가 날아오고, 나무를 그리면 새가 따라와 노래를 부르거든요. 시작은 단순한 선이었지만 선이 움직이기 시작하자 그림이 그려지고 그림과 어울리는 동물이 찾아오지요. 책장을 넘길 때마다 가느다란 선이 어떤 그림을 그릴지, 그림을 보고 어떤 동물이 찾아올지 즐거운 상상을 하게 되는 그림책입니다.
우리 정서를 담고 있는 소박하지만 익살스러운 민화를 보고 아이들과 낙서하듯 다양한 선을 그리며 무엇이 연상되는지 이야기 나눠 보세요. 그 선이 어떤 그림으로 완성될지는 오롯이 선을 긋는 아이의 상상력에 달렸답니다.

동그라미 세모 네모 나라의 임금님

고스기 사나에 글 | 다치모토 미치코 그림 | 혜원 옮김 | 제제의숲 | 2022

○△□나라를 아시나요? 모든 것이 동그라미와 세모, 네모로만 이루어져 있는 나라랍니다. 어느 날 이웃 나라 공주님이 ○△□나라에 방문한다는 소식이 전해졌어요. 급하게 공주님을 위한 방을 만드는데 벽에 구멍이 뻥 뚫렸지 뭐예요! 이 그림책은 비어있는 곳에 알맞은 모양을 찾아 끼워 넣으며 이야기가 전개됩니다. 우린 동그라미, 세모, 네모 종이를 이용해 우리만의 성과 방, 길을 만들어 볼까요? 요리조리 모양을 돌려보고 합치거나 반으로 잘라 새로운 모양을 만들어도 된답니다.

Chapter 2 그리고 색칠하며 노는 그림책 예술놀이

색깔을 가지고 놀기

《자연의 색깔》
야나 세들라치코바,
슈테판카 세카니노바 지음
막달레나 코네치나 그림
이수연 옮김 | 그린북 | 2020

    자연의 색은 같은 노랑이라고 해도 단 하나의 색으로만 표현되지 않지요. 이 그림책은 하양, 노랑, 황갈색, 주황, 빨강, 분홍, 보라, 파랑, 초록, 갈색, 회색, 검정까지 자연이 보여 주는 열두 가지 색을 다채롭게 담고 있습니다. 그림책을 통해 오묘하고 신비로운 자연의 색을 확인하고 밖으로 나가 자연의 색을 손으로 만지고 눈으로 확인하고 비교하며 수집하다 보면 어느새 아이들은 오감으로 자연을 느낄 수 있을 겁니다.
    아이와 함께 자연 속 혹은 집 안, 내 주변에 있는 색을 탐색하며 서로 좋아하는 색, 새로 발견한 색, 숨어 있는 색 등 색깔 이야기를 나눠 보세요. 각자 은근히 끌리는 색을 찾고 '나만의 색이름'을 지어 봐도 좋습니다.

 놀이법

준비물 : 큰 바구니나 쟁반, 두꺼운 도화지, 양면테이프

① 야외로 나가 다양한 자연물을 보며 자연의 색깔을 수집합니다. 계절마다 수집하기 수월한 색깔 계열이 다르겠지요. 바구니나 쟁반을 들고 다니며 금슬님이 제시하는 색깔을 아이들이 모아 오면 됩니다. 작은 나뭇가지 하나, 나뭇잎 하나, 꽃잎 하나 등 욕심내지 말고 조금씩, 하나씩 모으면 돼요. 그냥 자유롭게 다양한 색깔을 바구니에 모아 온 후에 색깔별로 분류해도 좋습니다. 만일 야외로 나가 활동하기 힘들다면 미리 다양한 자연물(나뭇잎, 나뭇가지, 꽃잎, 풀, 조약돌 등)을 수집하여 가져오게 한 다음 실내에 큰 돗자리를 펼치고 활동하세요.

② 자연의 색 수집을 마쳤다면 큰 도화지 위에 색깔별로 나열해 봅니다. 만약 초록색 나뭇잎을 여러 장 모았다면 그 색깔만 봐도 초록에도 정말 다양한 초록이 있음을 알 수 있을 겁니다. 도화지 적당한 곳에 '우리 학교 나뭇잎 색깔 수집', '우리 화단의 색깔' 등 나의 색깔 수집 제목을 적어 넣습니다.

③ 색깔의 차이를 발견하는 재미와 함께 색깔의 이름을 만드는 재미도 느껴 보세요. 그림책에 나와 있는 수박색, 잔디색, 대나무색처럼 나만의 색깔 이름을 만드는 거죠. '내 티셔츠와 비슷한 노란색', '우리 아빠 휴대전화보다 어두운 검은색', '내가 좋아하는 과자가 생각나는 초콜릿색', '라면보다 매워 보이는 빨간색' 등 주관적으로 알고 느끼는 나만의 색깔 이름을 만들어도 좋습니다.

> 색깔을
> 가지고
> 놀기

《꽃이 온다》 양소이 지음
향출판사 | 2021

'꽃' 하면 계절 중에 봄이 가장 먼저 떠오르지요. 하지만 이 그림책은 다른 계절을 먼저 이야기합니다. 바로, 한겨울 눈꽃을 먼저 보여 주고 있지요. 눈송이가 눈꽃이 되고 그 눈꽃이 다시 봄꽃이 되는 과정을 노래한답니다. 그림책 속 꽃들은 다양한 모습만큼 다양한 이름을 가지고 있는데 그 이름이 다채롭고 따스해서 자연스럽게 미소를 짓게 합니다. 친구꽃, 연인꽃, 가족 꽃, 노랑노랑꽃, 차한잔꽃, 손번쩍꽃, 피자좋아꽃, 아이들꽃….

우리 아이들은 어떤 꽃을 피우고 싶을까요? 어떤 꽃을 좋아할까요? 세상의 모든 꽃만큼이나 예쁜 우리 아이들을 꽃밭으로 초대합니다. 그곳에서 자신만의 꽃을 피울 수 있었으면 좋겠네요.

 놀이법

준비물 : 다양한 압화 스티커, 꽃 스티커, 도화지

① 다양한 모양과 색깔의 압화 스티커를 탐색할 시간을 주세요. 그리고 마음에 드는 꽃을 세 개 정도 고르게 합니다. 일반 꽃 스티커를 섞어서 준비하면 더 좋습니다. 생화와 같은 느낌을 주는 압화 스티커와 상징적인 꽃 모양을 가진 일반 꽃 스티커의 조화가 매력 있거든요. 물론 압화 스티커로만 놀아도 좋고, 꽃 스티커로만 놀아도 좋습니다.

② 그림책 속 눈꽃, 봄꽃, 얼음꽃처럼 도화지에 꽃 스티커들을 붙이며 나만의 특별한 꽃밭을 만들어 보세요. 나만의 꽃 이름을 만들어 써도 좋겠지요. 자신의 이름을 딴 꽃 이름도 좋고, 좋아하는 음식이나 가지고 싶은 물건에서 따온 꽃 이름도 좋습니다.

③ 듣고 싶은 말을 들으면 꽃이 활짝 핀다고 일러둔 후 "이 꽃은 어떤 말을 듣고 이렇게 활짝 핀 걸까?" 하고 물어보고 이름을 붙여도 좋아요. 예를 들어 "예쁘다."라는 말을 듣고 핀 꽃에는 '예쁘다꽃'이라는 이름을, "같이 놀자."라는 말을 듣고 핀 꽃에는 '같이놀자꽃'이라는 이름을, "행복해."라는 말을 듣고 핀 꽃에는 '행복해꽃'이라는 이름을 쓰는 거예요.

이렇게 꽃이 듣고 싶은 말을 상상하여 놀다 보면 평소 우리 아이가 듣고 싶은 말이 무엇인지도 자연스럽게 알 수 있으니 잘 기억해 두었다가 말해 주기로 해요.

> 색깔을
> 가지고
> 놀기

《비빔밥 꽃 피었다》 김황 지음
전명진 그림 | 웅진주니어 | 2019

'색깔' 하면 꽃, '색깔 놀이' 하면 꽃놀이를 빼놓을 수 없죠. 세상의 예쁜 색은 모두 꽃 색깔에 있으니까요. 우리가 식탁 위에서 흔히 만나는 채소도 꽃을 피워 내는 생명이랍니다. 비빔밥의 재료가 되는 채소에는 어떤 꽃 이야기가 숨겨져 있을까요? 주황색 당근, 보라색 가지, 하얀 무, 초록색 상추들은 어떤 색깔의 꽃을 피우고, 열매를 맺을까요? 꽃과 열매의 색깔이 똑같을까요? 아니에요. 빨간 토마토 열매를 맺게 해 주는 토마토 꽃은 노란색이랍니다. 아삭아삭 맛있는 초록색 상추의 꽃도 노란색이지요. 하얀 양상추의 꽃은 보라색이고, 황톳빛 우엉의 꽃은 자주색이랍니다. 열매를 맺게 해 주는 꽃의 색깔이 열매의 색깔과는 전혀 달라 재미있지요.

 놀이법

준비물 : 다양한 색깔의 보자기

우리도 채소의 꽃과 열매처럼 같지만 전혀 다른 것을 꽃 피워 볼까요? 화가 날 땐 마음속에 빨간색 꽃이 피겠지요. 그럴 때, 화난 속마음과 전혀 다른 초록색 열매 같은 말 한마디로 화를 표현해 봅시다. 빨갛게 화난 속마음과 전혀 다른 초록색 보자기를 살짝 흔들며 "나 지금 화가 많이 났어."라고 아주 친절하게 말하는 겁니다.

지금 지루하고 졸린 검은색 꽃이 피었다고요? 그렇다면 밝고 화사한 주황색 보자기를 머리 위로 마구 흔들며 "너무너무 지루하고 너무너무 졸리다!" 하고 신나게 외치는 겁니다. 속마음과는 전혀 다른 색깔의 보자기를 흔들며 속마음과 어울리지 않는 색깔의 보자기를 흔드는 거지요. 꽃과 열매의 색깔이 다르듯이 마음과 말의 색깔도 다를 수 있음을 그림책을 통해 발견하고 다양한 감정표현 예술놀이를 사유롭게 즐겨 보세요.

> 색깔을
> 가지고
> 놀기

《축하합니다》 조미자 지음
두 번째 토요일 그림 | 핑거 | 2020

표지 그림이 꽃다발이라 누군가에게 선물을 받은 듯한 기분을 주는 이 그림책은 누군가를 축하하는 날 기분 좋은 선물로도 손색이 없어요. 게다가 솔직하고 거침없으면서 한편으로는 특이한 그림들이 무척이나 인상 깊지요. 알고 보니 이 그림책은 매달 두 번째 토요일마다 재활 시설 식구들과 미술지도 봉사 모임을 통해 그린 결과물로 엮은 그림책이더군요. 그래서일까요? 그림책에 진심이 담긴 듯 더욱 빛나 보입니다.

세상에는 축하받을 일도, 축하할 일도 참 많지요. 생일부터 시작해 졸업식, 입학식, 결혼식, 결혼기념일, 스승의 날, 어버이날, 어린이날까지 축하를 주고받는 날도 많습니다. 이렇게 정해진 축하일 말고 나만의 축하일, 축하받을 일을 만들어 보는 건 어떨까요? 미래에 다가올 축하받을 순간을 내가 정하는 겁니다.

 놀이법

준비물 : 다양한 압화 스티커, 카드 크기의 두꺼운 종이

언젠가 '이런 일'로 축하받는다면, 언젠가 '이런 날'이 다가와 축하받는다면, 언젠가 '이런 꿈'을 이뤄 축하받는다면 당신에게는 그게 언제, 무슨 일 때문일까요? 미리 축하해 드릴게요. 편하게 말해 보세요.

요즘 아이들은 이런 축하를 미리 받고 싶어 하더군요. "로또 1등 당첨되었어요! 축하해 주세요.", "유명 유튜버가 돼서 돈을 많이 벌었어요. 축하해 주세요.", "방탄소년단을 만났어요. 축하해 주세요!"

미리, 모두 축하합니다! 축하받을 미래의 그 날을 떠올리며 미리 자신에게 줄 축하 꽃다발 카드를 만들어 보아요. 두꺼운 종이에 그림책 표지를 보고 꽃다발을 그려도 좋고, 생화 느낌이 풍기는 압화 스티커를 가득 붙여도 좋습니다.

멋지고 화려한 꽃다발로 카드를 장식한 후 축하받을 날짜와 축하 메시지를 써넣으세요. 그리고 냉장고나 책상에 붙여놓고 매일 보면서 미래의 내게 축하를 건네세요.

> 색깔을
> 가지고
> 놀기

《색과 무늬의 비밀》 양승숙 지음
선수아 그림 | 사물의비밀 | 2014

    동물들은 원래부터 색과 무늬를 가지고 있었을까요? 아니에요. 동물들은 원래 색과 무늬가 없어서 서로를 부르는 것에 어려움을 느꼈다고 해요. 나무나 꽃처럼 색과 무늬가 있었으면 좋겠다고 생각한 동물들은 해님에게 색과 무늬를 입혀 달라고 부탁을 하죠. 해님은 동물들에게 어떤 색깔을 주었을까요? 실수로 다른 색깔을 주었으면 어쩌죠?

    까만 바탕에 색깔 없는 동물들이 등장하는 이 그림책은 색과 무늬를 소재로 삼아 아이들의 호기심을 끌어냅니다. 이야기를 보다 보면 내가 해님이 되어 색과 무늬를 입혀 주고 싶어지지요. 어떤 색깔을 입혀 줄까요? 어떤 무늬를 선물할까요? 즐거운 상상을 해 보세요.

 **놀이법**

준비물 : 샌드페이퍼(사포), 밝은 색깔 크레파스(흰색, 노란색, 하늘색, 연두색 등)

① 그림책 첫 장에 나온 '세상의 첫날'을 함께 펼쳐 봅니다. 서로의 모습을 처음으로 보게 된 날이요. 그날을 떠올리며 자신이 그리고 싶은 동물이나 물건, 자연물 등을 샌드페이퍼에 밝은색 크레파스로 그려 봅니다. 하나만 그려도 되고, 두세 개를 그려도 돼요.

② 샌드페이퍼에 그린 그림을 보고 생각해 봅니다. 어떤 색과 무늬가 어울릴지요. 만일 호랑이를 그렸다면 꼭 줄무늬가 아니라 다른 무늬를 그려도 괜찮아요. 얼룩말이라고 해서 꼭 얼룩무늬가 아니어도 됩니다. 색다른 색과 특이한 무늬를 입혀 주면 더욱 좋습니다. 까만 점이 가득한 원숭이는 어떨까요? 표범 무늬가 가득한 코끼리는요? 검은 줄무늬의 바나나, 딸기 모양이 가득 그려져 있는 자동차도 좋아요. 나만의 색, 나만의 무늬로 '세상의 첫날' 그림을 완성해 보세요.

> 색깔을
> 가지고
> 놀기

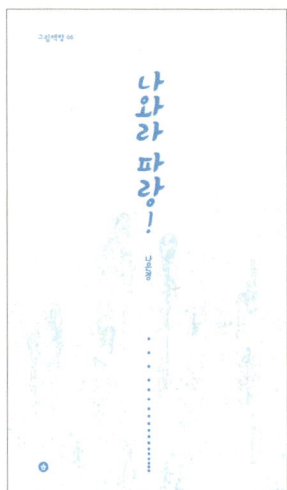

《나와라 파랑!》 나은경 지음
향출판사 | 2020

　이 그림책을 보고 알았습니다. 색깔도 춤을 출 수 있다는 사실을요. 한 아이가 팔랑팔랑 날갯짓하는 파랑에 폭 빠져 엄마를 놔두고 가 버립니다. 여기저기 손짓하는 파랑과 아이는 신나게 춤추고 겨루고 달리기하며 시간을 보내네요. 세상 가득한 파랑의 역동적인 움직임은 보는 이의 마음을 시원하게 합니다. 색 하나에 퐁당 빠져 버리기에 너무나 좋은 책입니다.

　큰 보자기나 가벼운 천, 두루마리 휴지 등 역동적인 움직임을 재미있게 해 줄 소품을 온몸으로 흔들며 외쳐 봅니다. "나와라, 파랑!"을 외쳤다면 "나왔다, 파란 괴물!", "나왔다, 파란 자동차 바퀴!" 등 아이가 표현하는 대로 함께 외쳐 줍니다. 파랑 다음에는 어떤 색깔을 나오라고 할까요?

> 또 다른 그림책들

색을 상상해 볼래?

디토리 지음 | 북극곰 | 2018

그림책을 펼침과 동시에 상상의 나래도 함께 펼쳐지는 이 그림책은 흑백으로만 그려져 있습니다. 하지만 누구나 눈을 감고도 색을 상상해 볼 수 있는 이야기로 가득합니다. 노란색은 상큼하고 시원한 레모네이드를 맛보면 느낄 수 있는 색이고, 초록색은 숲속에서 크게 숨을 쉬면 느낄 수 있는 색이지요.
색깔이 없는 그림책이어도 상상력으로 색깔 세상을 만나는 방법을 깨닫게 해 주는 흑백 그림책을 읽으며 세상의 색깔을 탐색해 볼까요?

세상은 색으로 가득해요

질리안 타마키 지음 | 서남희 옮김 | 현암주니어 | 2019

한 아이가 세상을 채우고 있는 다채로운 색깔을 상상합니다. 시원한 바다의 파란색, 달걀노른자의 선명한 주황색, 눈 덮인 겨울 들판의 흰색, 먹구름이 낀 하늘의 회색… 우리 아이들은 어떤 색깔들이 세상을 채우고 있다고 생각할까요? 아니, 우리 집은 어떤 색깔로 표현할 수 있을까요? 눈을 감고 우리 집을 가득 채우고 있는 색깔을 찬찬히 기억해 봅니다. 식탁의 색깔은 무엇인지, 내 이불 색깔은 무엇인지 눈을 감고 말해 보아요.
바람, 빗방울, 공기, 내 이름 부르는 소리, 가게 문 여는 소리는 무슨 색깔일까요? 무엇이든 색깔로 표현해 보며 평소 의식하지 못하고 눈여겨보지 않았던 색이 얼마나 많고 다양한지, 이야기를 나누며 알아봅니다. 세상은 색으로 가득하니까요.

chapter 3

한 장면으로 노는 그림책 예술놀이

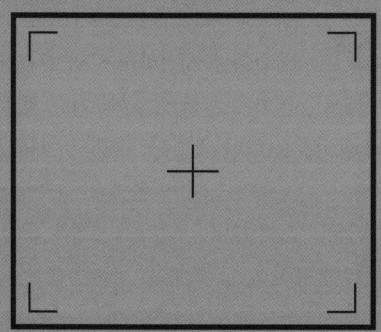

그림책을 보다 보면 한 장면이 유독 가슴에 닿을 때가 있습니다. 그림 한 장이 와닿기도 하고, 글 한 줄이 와닿기도 하지요. 그 한 장면이 주는 느낌은 참 다양합니다. 너무 기발해서 혼자 알고 있기엔 아깝다는 생각이 들기도 하고, 두고두고 보고 싶은 마음에 책장 끝을 살짝 접어 두기도 하지요. 그 한 장면이 마치 하나의 예술작품처럼 느껴져 소중하게 펼쳐 보기도 하고, 내 마음을 담아낸 순간처럼 느껴져 인생의 책으로 꼽기도 합니다.

그림책 앞표지나 뒤표지, 혹은 면지가 기억에 오래 남는 그림책도 있습니다. 이러한 그림책 속 한 장면들은 나의 마음속 어떤 감정을 건드리거나, 내가 품고만 있었던 생각을 담고 있거나, 혹은 내가 단 한 번도 상상해 보지 않았던 이야기를 담고 있는 경우가 많습니다.

아이들은 어떨까요? 아이들은 그림책 속 한 장면을 선택할 때 자신의 마음을 대변해 주는 한 장면, 자신도 따라 하거나 닮고 싶은 한 장면, 웃음 짓게 해 주는 한 장면, 이야기의 클라이맥스 장면 등을 꼽습니다.

그림책 전체 이야기를 공유하는 것도 좋지만, 이렇게 한 장면만을 펼쳐 놓고 노는 것도 참 재미있습니다. 그림책 속 한 장면을 보고 그림책 전체 이야기를 상상해 보세요. 그리고 그 장면에 폭 빠져 아이들과 놀아 보세요. 한 장면이 또 다른 장면을 만들고, 새롭게 만들어진 장면이 더 색다른 이야기를 만들어 내는 생생한 과정을 경험하게 될 겁니다.

한 장면으로 상황극하며 놀기

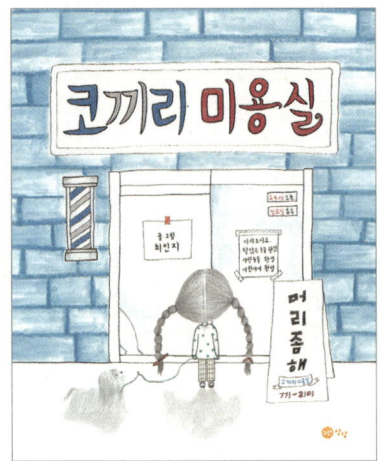

《코끼리 미용실》 최민지 지음
노란상상 | 2019

출입문에 '어서 오시오. 털 많은 동물 환영. 어린 동물 환영. 어린아이 환영'이라는 문구가 큼지막하게 쓰인 미용실을 아시나요? 그곳은 바로 다양한 동물 머리와 사람 머리를 해 주는 '머리 좀 해 코끼리 미용실'입니다.

헤어스타일은 바꾸기가 쉽지 않지요. 하지만 코끼리 미용실에서는 어떤 스타일도 다 가능합니다. 사자의 올림머리부터 찜질방 양머리, 똥머리 등 다양한 스타일을 척척 해냅니다.

우리도 코끼리 미용실에서 헤어스타일을 한번 바꿔볼까요? 그림책에 있는 동물 머리, 사람 머리 메뉴판을 참고해서 나만의 메뉴판을 만들어 보세요.

 놀이법

준비물 : 두꺼운 종이 2장, 색연필이나 사인펜

두꺼운 종이 두 장을 겹쳐 접은 후 펼쳐 코끼리 미용실의 헤어스타일 메뉴판을 만들어 봅니다. 세모, 네모, 동그란 원, 타원형, 역삼각형 등 다양한 얼굴형을 단순하게 그린 뒤 그에 어울리는 헤어스타일을 상상해서 그리면 됩니다. 그림책처럼 다양한 동물 얼굴을 그린 뒤 새로운 헤어스타일을 그려도 좋지요. 머리카락의 굵기나 색깔, 곱슬의 정도를 각각 다르게 그린 후 흥미로운 헤어스타일 이름을 붙여 보세요. '반짝거리는 보석 머리'도 괜찮고 '똑똑해지는 번개 머리', '주렁주렁 과자 달린 달콤한 머리' 등 나만의 개성 있는 헤어스타일 메뉴판을 구성하는 겁니다.

플러스 놀이

준비물 : 보자기, 손거울, 빵 끈, 빨대, 포스트잇, 작은 핀, 빨래집게, 작은 조화 꽃 등

친구, 혹은 부모님과 짝을 지어 한 명은 미용실 손님, 한 명은 헤어스타일리스트 역할을 맡아요. 손님은 메뉴판을 보고 헤어스타일을 고르고, 헤어스타일리스트는 그것과 비슷하게 헤어스타일을 바꿔 주면 됩니다. 포인트는 특이한 헤어스타일을 완성하는 것이죠.

우선 보자기를 손님 목에 둘러 미용실 가운을 연출합니다. 그리고 머리카락을 조심히 만지며 빵 끈으로 머리를 돌돌 묶거나 작은 포스트잇을 머리카락 사이에 붙이거나 작은 핀과 빨래집게로 멋진 스타일을 연출합니다. 작은 조화 꽃을 묶은 머리카락 여기저기에 꽂아 선보여도 좋습니다.

헤어스타일을 완성하는 동안 손님이 지루하지 않도록 소박한 간식과 함께 그림책을 손에 들려드리면 어떨까요? 미용실과 다른 것은 딱 하나, 손님은 헤어스타일이 완성되기 전까지 절대 거울을 볼 수 없다는 것뿐입니다. 아무리 궁금해도 헤어스타일이 완성되기 전까지는 꾹 참고 헤어스타일리스트에게 자신의 머리카락을 맡겨야 하죠. 흥미진진하겠지요?

헤어스타일이 완성되면 헤어스타일리스트는 환하게 웃으며 손님에게 너무 잘 어울린다고 칭찬해 주세요. 손님 또한 어떤 헤어스타일이 완성되든 마음에 쏙 든다며 손거울로 요리조리 살펴보세요. 그리고 서로 이렇게 외치는 겁니다. "이런 스타일이 이렇게 잘 어울리는 손님은 처음이에요!", "이렇게 멋진 머리는 처음이에요!" 하고 말입니다. 지인 소개 쿠폰이나 평일 방문 시 할인권을 만들어 손님이 나가실 때 드려도 좋습니다.

한 장면으로 상황극하며 놀기

《100원짜리만 받는 과자 가게》
보린, 반하다 지음 | 반하다 그림
위즈덤하우스 | 2018

 아이들이 즐기는 소꿉놀이 중 가게 놀이를 빼놓을 수 없지요. 이 그림책은 '100원, 200원, 300원' 하고 동전 세는 방법과 100씩 수가 커지는 개념을 알려 줍니다. 물건을 사고파는 경제 활동을 즐거운 가게 놀이를 통해 배울 수 있지요. 하지만 거기에만 그치면 너무나 아쉽습니다. 이 그림책의 가장 재미있는 부분은 바로 100원짜리 동전에 있습니다. '가게'라는 공간은 아이들에게 신기하고 놀랍고 욕심나는 것들로 가득하지요. 그러니 나만의 가게를 꾸미고 가게 주인과 고객의 상황을 이해하며 물건을 준비하고 팔고 사는 역할극에 중심을 두고 놀면 좋습니다. 아이가 마음에 들어 하는 그림책 속 한 장면, 그림책 속 한 가게에 머물러 '100원짜리' 상품을 자유

롭게 사고팔아 보세요. 바삭한 과자 가게도 좋고, 다양한 주방용품을 파는 가게도 좋고, 옷을 파는 가게도 좋습니다. 중요한 건 가게 주인은 주인답게 진지하게 팔고, 사는 손님은 손님답게 정확하게 값을 치르는 겁니다.

그림책 속 가게에서 사고팔았다면 이제 그림책 밖으로 나와 사고팔아 볼까요? 주변의 물건들, 집 안 물건들을 모두 100원짜리라고 가정하고 파는 사람은 평범한 물건에 마법을 건 듯 특별하게 만들어 팔고, 사는 사람은 조금이라도 멋진 물건을 사기 위해 물건의 특별한 용도를 탐색하는 겁니다.

 놀이법

준비물 : 포스트잇, 네임펜

여기저기 있는 물건들을 골라 나만의 작은 가게를 만듭니다. 책상 위를 가게로 꾸며도 좋고, 책상 아래를 가게로 꾸며도 좋아요. 아주 사소하고 평범한 물건들을 진열해 주세요. 그 물건에 특별한 기능과 효과를 적은 포스트잇을 붙여 특별한 물건으로 만들면 됩니다.

예를 들어 평범한 딱풀에 '100년 동안 떨어지지 않는 딱풀'이라는 포스트잇을 붙여 팔아 보세요. 이 특별한 딱풀을 사는 사람은 기능에 대해 꼬치꼬치 물어요. "100년 동안 떨어지지 않는 딱풀이라고요? 그럼 실수로 내 얼굴에 파리채를 붙이면 100년 동안 그렇게 살아야 한다는 건가요? 뗄 방법도 있겠죠?" 하고 요리조리 따져 보고 사는 것이죠.

플러스 놀이

포스트잇에 눈에 보이지 않는 것들을 써넣어 팔아 볼까요? '잠자기 전 따스한 포옹 3번'을 파는 건 어떨까요? '팔짱 끼고 문구점 가서 학용품 고르는 시간'이나 '맛있게 밥 먹고 놀이터에서 그네 50번 타기'는요? '스티커사진 찍어 냉장고에 붙이는 순간'을 팔아도 좋아요.

평소 아이가 원했던 시간을 포스트잇에 적어 100원에 팔아 봅니다. 100원에 그 시간을 산 사람은 무조건 포스트잇에 적힌 것을 함께하는 게 규칙이에요. 아이와 둘이 한다면 팔 순간을 함께 궁리해 보고, 많은 아이와 함께한다면 경매하듯이 가격을 올리며 가장 높은 가격을 제시하는 손님에게 팔아도 됩니다. 이때 금술님이 시장 분위기를 내주면 더 좋습니다. "이거 얼마예요? 좀 깎아 주시면 안 돼요?", "떨이, 떨이. 지금 사면 원 플러스 원!" 이렇게 적절한 추임새로 놀이의 분위기를 끌어 주세요.

한 장면으로 상황극하며 놀기

《걱정 상자》 조미자 지음
봄개울 | 2019

걱정은 누구나 합니다. 어른도 하고 아이도 하지요. 아이들은 어떤 걱정을 많이 할까요? 학교 갈 때는 숙제를 안 해서 걱정, 학원 갈 때는 친구들과 놀 시간이 없을까 봐 걱정, 친구랑 놀 때는 오래 놀지 못할까 봐 걱정, 집에 있을 때는 엄마한테 혼날까 봐 걱정…. 다양한 걱정이 꼬리에 꼬리를 물어 어느 순간 표정이 딱딱해지기도 합니다.

하지만 우리는 알고 있습니다. 이 여러 걱정의 80% 이상은 일어나지 않을 일이라는 것을요. 마음속 걱정을 해결하려면 어떻게 해야 할까요? 그에 관한 이야기를 담은 그림책이 바로 《걱정 상자》입니다.

이 그림책에서 가장 인상적인 장면은 바로 말 한마디로 걱정을 사라지

게 하는 장면이었습니다. 누군가의 말 한마디로 나의 걱정이 사라진다면 얼마나 기분이 좋고 마음이 가벼워질까요? 그 방법을 그림책에서 찾으며 함께 놀아 봅니다.

놀이법

준비물 : 색종이, 네임펜

① 그림책 속 주인공의 걱정에 관한 이야기를 나누세요. 이때 아이에게 걱정이 무엇인지 구체적으로 물어보지 않습니다. 그냥 걱정을 다양하게 해결하는 방법을 신기해하며 함께 그림책을 보다가 말 한마디로 걱정을 사라지게 하는 장면에서 멈춥니다.

② 이제 아이의 걱정을 사라지게 할 수 있는 한마디를 찾아봐요. 걱정이

한 가지만은 아니겠지요. 걱정 하나마다 그 걱정을 사라지게 하는 한마디를 생각해서 종이 한 장에 씁니다. 걱정을 사라지게 하는 한마디가 쓰인 종이가 몇 장이나 만들어질까요? 아이는 어떤 걱정을 하고 있을까요? 이 과정을 통해 확인할 수 있습니다.

③ 쓴 것이 보이지 않게 종이를 접은 후 아이에게 그중 한 장을 골라 확인하게 합니다. 그런 다음 걱정을 사라지게 하는 말 한마디를 어떤 감정과 행동으로 말하면 좋을지 자세하게 물어봅니다. 즐겁게 웃으며 말하면 될지, 나지막한 목소리로 말하면 될지, 손을 잡으며 말하는 게 좋은지, 뒷모습을 보여 주며 말하는 게 좋은지 자세하게 설명해 달라고 하는 거죠.

④ 이제 금술님이 아이의 설명대로 쪽지에 쓰여 있는 한마디를 말합니다. 금술님의 한마디가 마음에 들면 아이는 그 종이를 마음껏 구깁니다. 마음에 들 때까지 말할 기회는 단 세 번! 세 번 동안에도 한마디 표현이 마음에 들지 않으면 다른 종이를 골라 다시 해 봅니다.

도움말

아이가 설명한 대로 쪽지 속 걱정을 사라지게 하는 말 한마디를 잘 표현했다면 작은 봉투나 풍선을 준비해 그림책에서처럼 "펑!" 소리가 나게 터뜨리면 더 좋습니다. 터뜨리기 위해 과감한 용기가 필요하지만 "펑!" 터지는 소리와 함께 걱정이 싹 사라질 거예요.

> 또 다른 그림책들

색을 파는 가게

나무토끼 지음 | 월천상회 | 2020

색을 파는 가게에서 우리는 어떤 색을 팔 수 있을까요? 내 몸을 감싸고 있는 색을 팔 수도 있고, 내가 가지고 있는 물건 색을 팔 수도 있고, 내가 그린 그림 속 색을 팔 수도 있습니다. 어떤 색이든 색을 팔 때는 팔고자 하는 색을 손님이 사고 싶게 설명하는 게 포인트이지요. 바다를 닮은 파란색을 팔 때는 어떤 설명을 하면 좋을까요? 생각만 해도 입에 침이 고이는 레몬색을 팔 때는요? 멋지고 기발한 설명으로 다양한 색을 팔아 보세요. 그리고 사 보세요. 색을 파는 가게를 통해서.

두근두근 처음 가는 미용실

안나카린 가르드함 지음 | 손화수 옮김 | 현암주니어 | 2017

처음 미용실에 갈 때의 두근거리는 마음이 오롯이 담겨 있는 이 그림책은 아이들의 모든 '처음'을 따스한 시선으로 담아냈습니다. 달콤한 샴푸 향, 알록달록한 염색약, 올라갔다 내려갔다 하는 의자에 멋진 헤어스타일까지, 미용실은 볼 것도 많고 궁금한 것도 많은 신기한 공간이지요.

커다란 보자기를 준비해 아이의 목에 두르고 헤어롤과 똑딱 핀, 집게 핀 등으로 멋진 헤어스타일을 완성해 주세요. 아니면 금술가인 엄마의 헤어스타일을 바꿔 달라고 아이에게 부탁해 보세요. 머리카락이 길든 짧든 상관없습니다. 되도록 거울은 맨 나중에 보세요. 깜짝 놀라게 될 테니까요.

한 장면 속 글 읽으며 놀기

《뚱보 임금님 세종의 긁적긁적 말놀이》
조은수 지음 | 웅진주니어 | 2016

아이들 사이에서 가장 유명하고 인기 높은 왕은 누구일까요? 네, 바로 한글을 만든 세종대왕입니다. 아이들이 알고 있는 세종대왕은 항상 근엄하고 백성을 위해 열심히 연구하는 왕이지요. 세종대왕은 백성을 사랑하는 마음이 무척 컸던 왕이지만 알고 보면 엄청난 먹보에 피부병으로 무척 고생했던 왕이기도 합니다.

이 그림책에서는 무척이나 솔직하고 친근한 세종대왕의 새로운 모습을 볼 수 있어요. 주인공 세종이 마치 래퍼처럼 특이하고 흥미롭게 이야기를 전해주거든요. 세종이 전하는 말을 재미있게 따라 읽으며 한글의 중요성과 가치도 알 수 있어 꽤 신선하고 재미있는 그림책이랍니다.

 **놀이법**

라임에 딱딱 맞춰 랩을 하듯이 그림책 속 문장을 읽어 보세요. 준비물은 캡모자 하나면 됩니다. TV 속 멋진 래퍼처럼 얼굴의 반을 가릴 정도로 모자를 푹 눌러쓴 채 나만의 리듬에 맞춰 영의정과 우의정이 등장하는 아래 글을 크고 멋지게, 그리고 정확한 발음으로 읽는 거예요.

"만나 만나 당장 만나.
 영의정 만나 우의정 만나.
 관리들 만나 백성들 만나.
 다르니까 입씨름 다투니까 말씨름
 다치지만 않게 서로 싸워 보자.
 아침부터 저녁까지 온갖 사람 만나
 귀 쫑긋 눈 반짝 이야기를 듣네."

어때요? 그림책 속 글인데도 신나지요? 래퍼처럼 위의 글을 읽어 봤다면 이번에는 다음 글에 정말 자신이 세종대왕이 된 듯 진지한 목소리로 다양한 감정을 실어 읽어 봅니다.

"까막눈 백성들이 글자가 없어
 구리구리 멍텅구리로 살아가잖아!
 너희라면 구리구리 멍텅구리로 사는 게 좋으냐."

누군가를 호통치듯 읽어도 좋고, 달래듯 읽어도 좋습니다. 선생님처럼 아주 친절한 목소리로 읽거나 화가 난 마음을 애써 누르듯 한숨을 섞어가며 읽어도, 세상 허무하고 실망한 말투로 읽어도 좋답니다.

플러스 놀이

감정을 넣어 읽은 후에는 상상력을 발휘한 짧은 에피소드를 제시해 더 극적인 감정표현을 이끌어 보세요. 만약 세종대왕이 저 말을 할 당시 화장실이 무척 급했다면 어떻게 말했을까요? 등이 너무 간지럽거나 웃긴 일이 자꾸 생각나 웃음이 새어 나오는 상황이었다면요? 아니면 신하들이 자신의 말을 들어주지 않아 눈물이 날 정도로 너무 속상하고 슬펐다면, 사랑하는 사람을 만날 순간을 떠올리며 설렘 가득했다면, 갑자기 화가 나서 쓰러지기 일보 직전이었다면, 지난밤 잠을 못 자서 피곤하고 지친 상태였다면 어떤 목소리, 어떤 빠르기, 어떤 표정과 어떤 행동을 하며 저 말을 했을까요? 색다른 감정과 상황을 떠올려 똑같은 말을 다양하게 표현해 봅니다. 그림책 속 대사를 읽으며 놀 때는 무엇보다 자신감이 중요합니다. 큰 목소리가 바로 자신감의 기본이지요. 지금, 이 공간에 있는 모든 친구가 들을 수 있게 큰 목소리를 낼 수 있도록 응원해 주세요.

한 장면 속
글 읽으며
놀기

《호랑이 잡은 피리》
강무홍 지음 | 김달성 그림
보림 | 1998

    삼 형제에게 지게 작대기와 낡은 반닫이, 손때 묻은 피리를 물려 준 가난한 아버지의 마지막 부탁이 담긴 그림책입니다. '옛날 옛적에~'로 시작하는 전래 동화의 하나로 아득한 먼 옛날, 위기를 이겨내고 행운을 얻은 이야기를 섬세한 그림으로 표현했지요.

    세상을 떠나기 전 삼 형제에게 아버지는 어떤 감정으로 말을 했을까요? 상황극 놀이는 상상력이 필수입니다. 영화나 드라마, 연극에서 배우가 죽어도 진짜 죽는 것이 아닌 것처럼 우리도 상상의 나래를 펼쳐 '만일 ~라면'이라는 가정하에 아버지가 남긴 말을 나만의 말로 바꾸어 즐겁고 가볍게 놀아 봐요.

 놀이법

먼저 그림책 속 아버지의 마지막 말을 아이와 공유합니다.

"얘들아, 나는 이제 죽을 때가 된 것 같구나.
내가 죽으면 맏이는 내 지게 작대기를 갖고,
둘째는 반딧불이를, 막내는 내 피리를 갖도록 해라.
내가 없더라도 서로 의좋게 지내야 한다."

이 말을 슬프게도 읽고, 숨이 넘어갈 듯 말듯 힘겹게도 읽고, 씩씩하게도 읽어 봅니다. 그리고 마지막에 우리만의 한 문장을 더 넣어 읽는 거예요.

"내가 없더라도 서로 의좋게 지내야 한다.
그러지 않으면 (   ) 하게 될 것이야!"

이렇게 마지막 말이 마무리된다고 가정하고 삼 형제가 서로 의좋게 지내지 않으면 어떻게 되는지 상상하여 (   ) 부분을 채워 읽어 보는 겁니다.

📕 플러스 놀이

만일 내가 그림책 속 마지막 부탁의 말을 하는 사람이라면 누구에게 어떤 물건을 남겨 주고 어떤 부탁을 하고 싶나요? 똑같은 그림책 속 대사이지만 누군가에게 나눠 주고 싶은 물건을 나의 물건으로 바꾸어 말하고, 내가 부탁하고 싶은 말도 함께 남겨 봅니다.

"애들아, 나는 이제 죽을 때가 된 것 같구나.
내가 죽으면 맏이는 내 지게 작대기를 갖고,
둘째는 반닫이를, 막내는 내 피리를 갖도록 해라.
내가 없더라도 서로 의좋게 지내야 한다."

"나는 이제 죽을 때가 된 것 같구나.
내가 죽으면 (   )는 내 _____를 갖고,
(   )는 _____를, (   )는 내 _____를 갖도록 해라.
내가 없더라도 _____ 하게 지내야 한다."

> 한 장면 속
> 글 읽으며
> 놀기

《일곱 마리 아기 염소, 요 녀석들!》
제바스티안 메셴모저 지음 | 김경연 옮김
나는별 | 2019

    패러디 그림책은 원작과의 차이점을 찾아내는 재미를 느끼게 해 주고 또 다른 창의적인 생각을 불러일으키지요. 이 그림책은 그림 형제의 《늑대와 일곱 마리 아기 염소》를 패러디한 그림책으로 늑대의 관점에서 이야기가 전개됩니다.

    이 그림책 속 늑대는 원작 속 늑대와는 다릅니다. 무서운 늑대가 아니라 어리숙하고 친근한 늑대거든요. 늑대는 아기 염소들을 잡아먹기 위해 엄마 염소가 집을 잠시 비운 사이에 염소 집을 뒤지기 시작합니다. 하지만 정리도, 청소도 되지 않은 난장판인 집 안에서 숨어 있는 아기 염소들을 찾기가 쉽지 않습니다.

아기 염소들을 찾기 위해 늑대는 몇 번이나 이렇게 말하지요. "요 녀석들! 대체 어디에 숨은 거지?" 하고요. 처음에는 분명히 아기 염소들이 어디에 숨었는지 정말 궁금해서 말했을 겁니다. 그다음엔 코빼기도 보이지 않는 아기 염소들을 달래고 어르느라 조금은 친절하게 말했을 것 같아요. 또 시간이 흐르면 조금은 화가 나고 약이 올라서 큰소리로 외쳤을 수도 있을 것 같고요. 이러한 늑대의 감정을 실어 아기 염소를 불러 봅니다.

 놀이법

"요 녀석들! 대체 어디에 숨은 거지?"라는 말을 다섯 번 반복합니다. 하지만 말할 때마다 감정이 겹치면 안 됩니다. 처음엔 궁금한 느낌을 실어 말하고, 두 번째는 친절하게 말하고, 세 번째는 무섭게, 네 번째는 슬프게, 마지막 다섯 번째는 애절하게 말하는 식으로 서로 다른 다섯 가지 감정으로 같은 말을 반복하는 거예요. 놀이를 하기 전이나 후에 "네가 아기 염소라면 늑대가 어떻게 말할 때 '짠!' 하고 튀어나올까?" 하고 물으며 이야기를 나눠 보세요. 반대로 자신이 아기 염소라면 늑대가 '어떤 감정'으로 말할 때 더 깊숙한 곳으로 숨어서 절대로 안 나올지에 대해서도요.

인형이나 블록 일곱 개 등 작은 소품을 놀이 공간 이곳저곳에 숨겨놓고 일곱 마리 염소를 찾는 늑대가 되어도 좋습니다. 이때 늑대는 늑대 특유의 걸음걸이와 목소리, 표정을 지어야만 합니다. 무서운 늑대, 귀엽고 온순한 늑대, 잘난 척하는 늑대 등 어떤 늑대 모습으로 염소들을 찾을지 미리 콘셉트를 잡아 숨어 있는 일곱 마리 염소를 찾아보세요.

한 장면 속 글 읽으며 놀기

《마법시장》
이향안 지음 | 윤진현 그림
현암주니어 | 2019

아빠의 생일에 음식 준비로 바쁜 엄마가 주인공 토토에게 심부름을 시켰어요. 심부름하러 간 곳은 바로 마법에 걸린 마법시장! 바짝 말린 오징어, 문어, 물고기를 파는 건어물 가게, 요정 신발가게, 용궁 생선가게가 보이네요. 거기에서 건어물을 파는 선풍기 아저씨, 냉장고를 열어 직접 바다에서 생선을 건져와 파는 오징어 아저씨 등 독특한 시장 상인들을 만난 토토는 과연 엄마의 심부름을 잘할 수 있을까요? 이 그림책에서 더욱 눈길을 잡은 건 바로 범상치 않은 시장 상인들의 인상적인 말투였답니다.

"오징어 한 마리 주세요."

"오징어는 없다오잉. 잠깐 기다려라오잉."

아저씨는 냉장고 문을 열고 안으로 들어갔어.

"오징어 대신 요걸 가져가라오잉. 팔딱팔딱 춤추는 고등어다오잉."

"파프리카 주세요."

"파프리카는 없다파프. 잠깐 기다려라파프."

 놀이법

자, 이제 우리도 마법시장의 가게 주인이 되어 봅시다. 무엇을 팔까요? 먼저 시장을 탐색해 보세요. 큰 종이 한 장을 가운데 두고 동그랗게 앉아 낙서하듯 물건이나 가게들을 그리거나 글씨로 쓰면서 자유롭게 탐색합니다. 자연스럽게 시장 골목이, 파는 상인이, 시장 물건들이 종이 여기저기에 그려지고 글자로 써질 겁니다. 규칙은 없어요. 종이 위에 시장과 관련된 그림이나 글자, 사람을 그리거나 쓰면 되는 거지요. '다 함께 낙서' 하듯이요.

그런 다음 말투를 상상해 봐요. 반찬가게 사장님은 "맛있다참, 많이 줄게참."이라고 말하고, 과일가게 사장님은 "달콤하다귤, 상큼하다귤."이라고 하지 않을까요? 그렇다면 옷을 파는 옷가게 사장님은 어떤 말투일까요? "잘 어울린다옷! 싸게 줄게옷!"이라고 할까요, 아니면 "딱 하나 남았다빠숑. 하나 사면 하나 더 줄게빠숑."이라고 할까요?

시장에서 파는 물건들을 탐색하고 그 가게 주인이 되어 말투를 생각해 본 다음 약속한 시간 동안은 그 말투로만 대화를 나눠 보세요. 시장놀이와 함께 말놀이까지 더해져 즐거운 놀이 시간이 될 겁니다.

> 또 다른 그림책들

하나 둘 셋 찰칵! 김치, 치즈, 카프카

선현경 지음 | 위즈덤하우스 | 2018

우리와는 다른 문화와 정서를 가진 해외로 떠나는 여행은 '다름 문화 여행'이라고도 할 수 있습니다. 직접 가서 눈으로 보고 다리로 걷고 입으로 맛보며 다양한 문화를 경험하기 어렵다면 그림책을 통해 여행해 보는 건 어떨까요?

이 그림책은 사진을 찍을 때 나라마다 어떤 말을 하는지에 대한 이야기를 담고 있어요. 우리는 사진 찍을 때 어떤 말을 하나요? "김치!"가 가장 먼저 떠오르지요? '치' 소리를 내면 입 모양이 옆으로 벌어져 저절로 미소짓게 되니까요. 그런데 중국에서는 '가지'라는 뜻을 가진 "치에즈!"라고 한다고 해요. 스페인에서는 '감자'라는 뜻을 가진 "빠따따!"라고 하고요. 하와이에서는 걱정은 잊고 느긋한 하루를 보내라는 뜻의 인사말인 "샤카!"를 외친다고 하네요. 사진을 찍을 때 외치는 말이 정말 다양하지요. 그만큼 세계 사람들이 사는 모습 또한 다양해요.

그럼 우리 가족 혹은 우리 반, 우리 동아리만의 사진 찍을 때 외치는 말을 독특하게 정해 보면 어떨까요? 가족사진 찍을 때는 가족 모두가 좋아하는 과일 "키위!"라고 말하자고 약속하거나 우리 반 친구들이 사진 찍을 때는 친구들이 모두 좋아하는 "피구!"나 우리 반이 위치한 "3층!"을 말하자고 약속하는 겁니다. 우리 동아리 친구들끼리 사진 찍을 때는 "예뻐 멋져!" 하고 외치고 찍으면 기분이 좋아질 것 같지 않나요? 우리끼리의 새로운 말이나 줄임말을 만들어도 좋아요.

일단 하나를 정했으면 진짜로 사진을 찍어 보세요. 새로운 것, 한 번도 경험해 보지 않은 것을 함께 머리 맞대고 이야기 나누며 하나의 의견으로 모으는 과정이 놀이처럼 재미있을 겁니다. 저는 "놀자!"라고 말하며 찍겠습니다.

> 또 다른 그림책들

최고의 이름

루치루치 지음 | 북극곰 | 2020

아빠 곰과 엄마 곰의 소원이 이루어졌어요. 바로 소중한 아기 곰이 태어난 거예요. 세상에 하나뿐인 우리 아기 곰의 이름을 뭐라고 지으면 좋을까요? "우리 아기 곰에게 최고의 이름을 지어 주세요!" 하고 아빠 곰이 부탁을 하자 숲속 친구들은 자신이 생각하는 최고의 이름을 하나씩 추천하기 시작했어요. 그런데 어쩌죠? 추천한 이름들이 모두 멋지고 매력적이네요. 과연 아빠 곰은 아기 곰에게 어떤 이름을 지어 주었을까요?

세상의 모든 이름은 하나같이 다 소중하고 의미 있지요. 지금의 이름도 물론 좋지만, 그림책 속 아빠 곰이 선택한 아기 곰의 인상적인 이름을 보고 우리도 한번 이름을 지어 봅시다. 아빠 곰이 선택한 아기 곰의 이름처럼 형식이나 글자 수에 구애받지 않고 만들어 보는 거예요. 서로의 이름을 만들어 줘도 좋고요. 단, 기억해야 할 것이 있어요. 새롭게 만든 이름은 누군가가 불러줄 때마다 기분이 좋아져야 합니다. 살짝 웃음이 지어져야 해요. 이건 규칙이에요.

좋아하는 음식 이름을 넣으면 어때요? 혹은 갖고 싶은 물건이나 내가 이루고 싶은 꿈, 바라는 순간도 좋아요. '빨갛고 매콤한 고추장 떡볶이', '최신 스마트폰처럼 똑똑하고 하얀 운동화처럼 깔끔하고 파란 초록 축구공처럼 통통 튀는 지퍼 달린 지갑', '우연히 선물 받은 로또가 당첨되는 정말 운이 좋은 사람'이나 '연예인보다 인기 많고 게임 정말 잘하고 말도 잘해서 조회 수 많은 유명한 유튜버'라는 이름으로 불릴 수도 있겠지요? 구체적인 이름일수록 더 좋아요. 내 이름이 불릴 때마다 기분 좋아지고 웃음 지어지는 건 얼마나 멋진 일일까요? 그런 이름을 만들어 보세요! 그리고 각자의 '최고의 이름'을 출석 부르듯 순서대로 불러 봅니다. 자신 있게!

그림책 표지로만 놀기

《먹고 말 거야!》
정주희 지음 | 책읽는곰 | 2016

초롱초롱한 두 눈으로 혀를 날름거리며 뭔가를 먹고 싶어 하는 개구리의 모습으로 가득 찬 표지는 청량한 초록빛 또한 인상적입니다. 도대체 개구리는 무엇을 먹고 싶어 하는 걸까요?

아이들에게 개구리의 먹이를 물어보면 다양한 대답을 들을 수 있습니다. 파리, 초파리, 모기, 하루살이, 벌, 잠자리…. 한 아이는 이렇게 말하더군요. 햇빛! 하늘을 향해 혀를 날름거리는 게 마치 햇빛을 먹는 것처럼 보였나 봅니다.

이 그림책은 앞에는 먹이를 먹기 위해 덮칠 기회를 엿보는 개구리 모습이, 뒤에는 힘껏 뛰어오르는 개구리 모습이 보입니다. 보는 이로 하여금 과연 '먹이를 먹을 수 있으려나' 하는 조마조마한 마음과 먹이 먹기를 응원하는 마음이 들게 하지요.

 놀이법

우리 아이들은 무엇을 먹고 싶어 할까요? 지금 당장 먹고 싶은 것 한 가지를 떠올려 보라고 하세요. 금술님, 또는 친구들이 "먹고 말 거야!" 하고 말하면 자신이 먹고 싶은 것을 말없이 몸짓으로만 표현하는 거예요. 바로 팬터마임으로요.

예를 들어 먹고 싶은 게 아이스크림이라면 어떤 아이스크림인지 정확하게 표현해야 해요. 친구들이 "먹고 말 거야!"라고 다 함께 외치면 스푼으로 떠먹는 아이스크림인지, 콘으로 된 아이스크림인지, 막대 아이스크림인지를 표현해야 해요. 또 어떤 맛인지도 표정으로 보여 주면 좋겠지요. 아주 정확하고 섬세한 동작으로 아이스크림 봉지를 뜯거나 아이스크림 뚜껑을 여는 것부터 시작해야 합니다.

아이스크림 같은 간식뿐만 아니라 특정 음식도 괜찮아요. 고기류, 국수류, 찌개류에 과일부터 음료수까지 모두 다 표현할 수 있습니다. 포인트는 말이 아닌 몸짓으로만 표현하는 거예요. 누군가 정답을 맞히면 발표한 친구가 "먹고 말 거야!"라고 말한 후 다음 차례를 지목하면 됩니다.

이렇게 팬터마임으로 놀고 난 후엔 그림책의 주인공인 개구리가 무엇을 먹고 싶어 하는지 꼭 확인하세요. 그리고 먹이를 먹기 위해 펄쩍 뛰는 개구리를 유심히 지켜보고 있는 누군가의 정체도요!

그림책 표지로만 놀기

《비 안 맞고 집에 가는 방법》
서영 지음 | 웅진주니어 | 2019

    갑자기 세차게 비가 쏟아지는데 우산이 없는 상황, 한 번쯤 경험해 보셨지요? 이런 상황에 부닥쳤다면 어떻게 할까요? 우산 말고 비를 막을 수 있는 건 없을까요?

    특별하고 구하기 어려운 물건이 아니라 쉽게 구할 수 있는 주변 물건들로 비를 안 맞을 방법을 함께 생각해 봅니다. 비닐이나 신문지, 가방이나 옷, 혹은 주방용품이나 책도 괜찮아요. 아이의 상상력에 맡기고 그저 따라만 가 봅니다. 높이 있는 물건이나 꺼내기 힘든 물건, 도저히 비를 막을 수 없는 물건처럼 보이더라도 아이가 원하면 꺼내 주고 건네주고 만지게 해 주세요.

그렇게 한동안 놀았다면 하나의 질문을 던져 봅니다. "그런데, 비는 꼭 안 맞아야 하는 걸까? 비를 맞으면 절대 안 되는 걸까? 비를 더 잘 맞고 집에 가는 방법은 없을까? 비를 기다렸다는 듯 즐겁게 맞아 보면 어떨까?" 하고 말입니다.

 놀이법

준비물 : 검정 고무줄, 신문지, 두루마리 휴지, 박스테이프

새로운 물음표로 또 다른 놀이를 시작해 봅니다. 맞으면 기분 좋아지는 '신나는 비', 먹으면 초콜릿처럼 달콤한 '초콜릿 비', 손으로 잡아서 줄넘기할 수 있는 '고무줄 비' 등 비를 더 많이 맞을 수 있는 탐색 놀이로요.

놀이 방법은 다음과 같아요. 박스테이프를 늘인 후 여러 줄로 자른 검정 고무줄을 빗줄기처럼 길게 붙입니다. 또 다른 박스테이프에는 신문지를 길게 찢어 붙이고, 또 다른 박스테이프에는 두루마리 휴지를 길게 붙입니다. 검정 고무줄, 길게 찢은 신문지, 두루마리 휴지 등을 모두 붙여도 좋습니다. 그런 뒤 박스테이프를 방문 등에 길게 붙입니다. 그 아래를 아이들이 지나가는 거죠. 손으로 머리를 감싸며 지나가도, 여유롭게 노래를 부르며 지나가도, 하늘을 쳐다보며 온몸으로 비를 맞으며 지나가도 됩니다.

누구에게나 비를 맞을 수밖에 없는 상황은 반드시 한 번쯤 찾아오잖아요. 그럴 때 그저 회피하거나 주저하는 게 아니라 비를 통과하는 방법을 찾아야 한다는 것을 놀이로 알려 주세요. 함께 상상 속 비를 맞으면서요.

> 그림책
> 표지로만
> 놀기

《똑똑똑》 김희경 지음
현암주니어 | 2019

    표지만 보고도 놀 수 있는 그림책 종류의 하나는 제목이 의성어, 의태어로만 되어 있는 그림책입니다. 의성어는 사람이나 사물의 소리를 흉내 낸 말을 뜻하고, 의태어는 사람이나 사물의 모양이나 움직임을 흉내 낸 말을 뜻하지요.

    이 그림책 표지에는 문 하나가 덩그러니 그려져 있습니다. '똑똑똑' 노크를 하면 누군가가 나올 것만 같지요. '똑똑똑' 노크를 하면 어떤 말이 들릴까요? 움직이는 소리가 들릴까요, 사람이 나올까요, 공룡이 나올까요, 나비가 나올까요? 문 뒤에 누가 있을지, 무엇을 하고 있을지 미지의 존재에 대해 마음껏 상상해 보세요.

 놀이법

우선 문을 두드리면 문 뒤의 그 누군가가 어떤 말을, 어떤 소리를 낼지 구체적으로 상상하는 시간을 가져요. 그런 다음 금술님이 아이 앞에 다가가 사이에 그림책을 두고 표지에 똑똑똑 노크를 합니다. 그림책 표지가 닫혀 있는 문인 것처럼요. 그러면 아이는 자신이 상상했던 문 뒤에 있는 누군가가 되어 말이나 소리를 내고, 거기에 금술님이 반응하여 상황을 끌어내면 됩니다. 무서운 소리를 냈다면 다른 친구에게 도움을 청해도 되고, 누구인지 모르겠다면 "똑똑똑, 실례지만 다시 한 번 얘기해 주세요." 하고 되물어도 좋아요. 문 뒤에 있는 누군가와 금술님의 대화는 길지 않아도 됩니다. 이 놀이의 포인트는 상상 속 존재에 대한 구체적 표현이니까요.

상상 역할놀이가 끝났다면 이번에는 그림책을 돌린 후 아이가 노크를 하고 금술님이 상상의 존재가 되어 입장을 바꿔 놀아 보세요.

그림책
표지로만
놀기

《빵 공장이 들썩들썩》 구도 노리코 지음
윤수정 옮김 | 책읽는곰 | 2015

    말썽꾸러기 야옹이들이 멍멍 씨네 빵 공장을 엿보고 있습니다. 멍멍 씨가 빵 만드는 모습을 보고 모두가 잠든 깊은 밤에 몰래 빵 공장에 숨어들어 빵을 만들어 먹으려고 하거든요. 들키면 혼날 줄 알면서도 일단 저지르고 보는 야옹이들 모습이 우리 아이들 모습과 겹쳐 보이는 건 왜일까요?

    이 그림책에서 인상 깊게 본 장면은 바로 야옹이들이 합심해 '몰래' 빵을 만드는 모습이었습니다. '몰래' 하는 건 전율이 큰 만큼 재미 또한 크니까요. 우리 아이들은 '몰래' 뭘 하고 싶을까요? 그림책 속 야옹이라면 어떤 공장에 몰래 숨어들어 밤새도록 뭘 만들고 싶을까요?

 **놀이법**

준비물 : 도화지, 색연필, 가위

아이와 몰래 숨어들고 싶은 공장은 어떤 공간인지 이야기 나눠 보세요. 금술님이 먼저 이야기하면 좋습니다. "선생님은 휴대전화 공장에 몰래 들어가서 멋진 휴대전화를 만들어 보고 싶어. 그래서 선생님은 그림책 제목을 《휴대폰 공장은 쿵쾅쿵쾅》이라고 지었어.", "선생님은 늦은 밤 모두 잠들면 옷 공장에 들어가서 진짜 특이한 옷을 만들고 싶어. 그래서 그림책 제목이 《옷 공장이 드르륵드르륵》이야."

이렇게 만든 그림책 제목에 맞게 표지와 그림을 그리면 됩니다. 두꺼운 도화지는 그대로 사용해도 되고 정사각형으로 자르거나 조금 작게 잘라내도 됩니다. 그림책 표지가 꼭 사각형일 필요는 없다고 말해 주세요. 자신이 만든 제목에 맞게 눈사람 모양 표지, 별 모양 표지, 작은 동그라미 표지, 길쭉한 표지 등 다양한 모양의 표지로 표현할 수 있습니다.

표지에서 가장 중요한 것은 제목이 잘 보여야 한다는 점입니다. 자신이 만든 제목을 눈에 잘 띄게 배치하고 써 봅니다. 그리고 그와 어울리는 그림을 상상해 그리는 거죠. 몰래 어떤 공장에 들어가 무엇을 만들지 상상하고 그것을 제목으로 지어 그림책 표지에 표현하는 것이 포인트입니다. 표지를 만들다 보면 머릿속에 자신만의 이야기가 만들어질 거예요.

공장을 꼭 한 군데만 가란 법은 없지요. 시간과 재료가 풍부하다면 하룻밤 사이에 몇 군데의 공장에 갈 수도 있다고 알려 주세요.

또 다른 그림책들

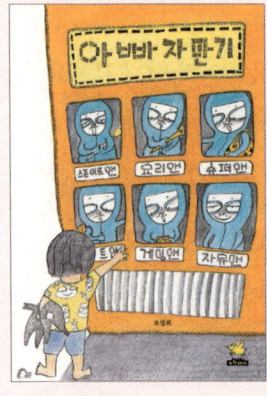

아빠 자판기

조경희 지음 | 노란돼지 | 2021

자판기의 특징은 버튼을 누르자마자 뿅! 하고 원하는 것을 얻을 수 있다는 거죠. 이 그림책에 나오는 자판기는 바로 원하는 아빠가 나오는 아빠 자판기예요. 내가 원하는 아빠 모습이 버튼마다 있지요. 거실에 텐트를 치고 들어가 함께 놀아 주는 텐트맨, 슈퍼에 함께 가서 과자를 사 주는 슈퍼맨, 스포이트로 물고기 똥을 치워 주는 스포이트맨까지, 평소 원하던 아빠가 자판기에 가득합니다.

우리 아이들은 어떤 아빠 버튼을 만들고 싶을까요? A4용지에 여섯 칸 혹은 아홉 칸을 그리고 맨 위에 '아빠 자판기'라고 쓴 후 칸마다 원하는 아빠 버튼을 만들어 봅니다. 그림책처럼 '뽀뽀맨, 놀이터맨'이라고 써도 좋고, '다정한 아빠, 장난감 아빠'처럼 아빠라는 단어를 넣은 버튼을 만들어도 좋습니다. 그림책 표지처럼 그림과 단어를 함께 넣어도 좋고, 간단한 글자만 넣거나 상징적인 그림만 그려 넣어도 괜찮습니다. 중요한 것은 어떤 아빠 버튼을 떠올리고 어떻게 표현하느냐이니까요. 아빠 자판기가 아닌 내 이름을 넣어 '나 자판기'를 만들어도 재미있습니다. 자아 탐색이 되거든요. 나의 장점이나 강점, 능력을 버튼으로 만들면 어떨까요? 이루고 싶은 꿈이나 갖고 싶은 능력을 자판기로 만들 수도 있습니다.

자판기의 특징은 버튼을 누르면 바로 나온다는 것도 있지만 또 하나의 특징은 누르고 싶은 마음이 들어야 한다는 겁니다. 누구나 누르고 싶은 버튼, 안 누르면 손해인 나만의 버튼 만들기를 해 보세요. 그리고 많은 버튼 중에서 나를 대표하거나 내가 가장 마음이 가는 버튼 하나에 별표를 치게 하세요. 아이가 자신이 가진 강점을 의식하는 좋은 기회가 될 것입니다.

> 또 다른 그림책들

괜찮아 아저씨

김경희 지음 | 비룡소 | 2017

그림책 표지에 새 둥지가 되어 버린 모자를 쓴 아저씨가 웃고 있지요. 모자를 벗기도 어렵고 움직이기도 불편할 텐데 아저씨는 화를 내기는커녕, 둥지를 튼 새를 보며 따뜻하게 웃고 있습니다.

자기 모자에 새가 둥지를 틀었는데 아저씨는 왜 웃고 있을까요? 게다가 그림책 속 아저씨에게는 머리카락이 딱 열 가닥만 있습니다. 그런데 그 소중한 머리카락이 이런저런 이유로 하나씩 빠지기 시작합니다. 아저씨는 속상할 법도 한데 빠진 머리카락을 보며 이렇게 말하지요. "오, 괜찮은데?" 하고요. 역시 '괜찮아 아저씨'랍니다.

우리는 이 그림책을 읽고 어떤 활동을 해 볼까요? 우선 뒤가 훤히 비치는 트레싱지나 얇은 A4용지를 준비해 그림책 표지에 올려놓은 후 아저씨의 얼굴을 그대로 따라 그립니다. 다 따라 그려도 되지만 단 하나, 아저씨 모자 위에 있는 새와 새 둥지는 따라 그리지 않습니다. 아저씨 모자 위에 나만의 기발한 것을 그려 넣을 예정이거든요. 아저씨 모자 위에 어떤 걸 그려 넣을까요? 걱정하지 마세요. 뭘 그려 넣든 우리의 초 긍정 아저씨는 "오, 괜찮은데?" 하고 말씀하실 테니까요.

그리는 것도 재미있지만 진짜 모자를 쓰고 놀이해도 재미있습니다. 각자의 모자 위에 엉뚱한 물건을 올려놓고 "오, 괜찮은데?"라고 말해 보는 겁니다. 모자 위에 올라갈 수 있는 엉뚱한, 특이한, 말도 안 되는 물건에는 무엇이 있을까요? 국자, 과자, 장갑, 딱풀, 국자, 우유갑, 빨대, 스카치테이프…. 너무 크고 무겁지만 않으면 다 괜찮답니다!

chapter 4

냠냠 꿀꺽 맛있게 노는 그림책 예술놀이

음식이 등장하는 그림책을 보면 향과 맛이 머릿속에 그려지지요. 하지만 물음표가 생기기도 합니다. 세상에 정말 존재하는 음식일지, 진짜 만들어 먹을 수 있는 음식인지, 어떤 맛일지, 어떤 식감일지, 어떤 냄새를 풍길지…. 그림과 글자를 통해 그 맛을 상상하다 보면 호기심도 생기기 마련입니다.

그림을 통해 눈으로 맛보는 것과 글자를 통해 머릿속으로 맛보는 것에서 한 단계 확장하여 오감으로 느껴 보면 어떨까요? 그림책 속 재료를 손으로 만져 보고, 냄새를 맡아 보고, 씹고 맛보는 겁니다. 물론, 최대한 간단한 준비물과 간략한 과정은 필수겠지요.

그림책 속 음식을 맛보는 것에는 규칙이 없습니다. 그러니 그림책 속 음식들을 따라 만드는 것이 아니라 나만의 레시피를 발견하는 재미를 느껴 보세요. 색깔이 예쁘지 않아도, 생각보다 맛이 없어도 괜찮습니다. 만드는 과정에 집중하며 즐거웠다면 그 맛없음조차 담백한 웃음으로 승화될 테니까요.

참, 어린아이들과 요리 놀이할 때는 무엇보다 안전에 유의하세요. 너무 신나고 흥분해서 목에 음식이 걸리거나 먹으면 안 되는 재료를 입에 넣는 일이 없도록 사전에 아이 눈높이로 충분히 이야기를 나눠야 합니다.

> 그림책 속
> 음식 만들며
> 놀기

《깔깔주스》 박세랑 지음
노란돼지 | 2021

    지각은 기본, 준비물은 깜빡하고, 수학시험은 빵점, 피곤한 하루를 사는 주인공 여덟 살 봉민지. 민지는 동네의 주스 맛집을 찾습니다. 그런데 주스 병 뒤에 주의사항이 쓰여 있네요. 주스를 한 모금 들이키자마자 깔깔깔 멈추지 않는 웃음이 터져 나옵니다. 그 웃음은 전염성이 무척 강해 모두를 따라 웃게 만들지요. 깔깔주스는 도대체 정체가 뭘까요?

    민지가 마신 깔깔주스, 우리도 만들어 보아요. '졸음주스, 까딱주스, 눈물주스, 궁금주스' 등 이름은 마음대로 지어도 됩니다. 중요한 건 그 주스를 마실 때의 주의사항이나 마시고 난 후의 변화랍니다. 자세한 설명은 주스 가게 사장님께 물어보세요. 어떤 부작용이 있을지 모르니까요.

 놀이법

준비물 : 네임펜, 포스트잇, 사탕이나 젤리, 탄산수나 음료수, 주스 병 또는 컵

입구가 넓은 주스 병이나 컵, 다양한 색깔의 사탕이나 젤리를 준비합니다. 그리고 탄산수나 음료수를 주스 병에 담고 사탕이나 젤리를 퐁당! 넣어 주세요. 사탕이 다 녹을 때까지 기다렸다가 먹는 주스여도 되고, 병 속 사탕을 흔들고 마셔야 하는 주스여도 됩니다.

중요한 건 주스 병 뒤에 붙여야 하는 '섭취 시 주의사항'입니다. 《깔깔주스》에는 '나눠 먹을수록 웃음 전파력이 높아진다. 나오는 웃음을 참지 말라.'라는 주의사항이 있었지요. 우리가 만드는 주스에는 어떤 주의사항을 붙일까요? 기발하고 독특한 주의사항을 생각해서 포스트잇에 써 붙이세요. 이렇게 나만의 주스와 주의사항을 만들고 짧은 역할극을 통해 주의사항을 자세하게 설명하면 됩니다.

| 그림책 속
| 음식 만들며
| 놀기

《채식 흡혈귀 딩동》
임정진 지음 | 박실비 그림
이숲아이 | 2021

    흡혈귀 집안에 아주 특별한 아기가 태어났어요. 흡혈귀인데 절대 피를 안 먹는 채식주의자 아기 흡혈귀 딩동이요. 딩동은 가족들에게 몸에 좋은 채소의 맛을 알려 주고 싶어 해요. 딩동은 피 주스 대신 무엇을 먹고 무엇을 좋아할까요? 바로 빨강 주스예요. 우리도 딩동이 좋아할 만한 빨간색 주스를 만들어 보면 어떨까요? 빨간 딸기나 수박으로 빨강 주스를 만들면 어때요? 아, 토마토로도 빨강 주스를 만들 수 있겠네요.

    그런데 말이에요, 빨강 주스만 먹으면 딩동이가 질릴 수도 있잖아요. 빨강 주스만 먹으면 딩동이 건강이 안 좋아질 수도 있고요. 그러니 딩동이를 위해 다양한 색깔의 주스를 만들어 봅시다.

 **놀이법**

준비물 : 다양한 색깔의 음료수와 주스, 플라스틱 투명컵, 빨대

채식 흡혈귀 딩동이를 위해서 다양한 색깔의 주스를 아이와 만들어 보세요. 오렌지로 만든 주황 주스, 알로에로 만든 초록 주스, 사과로 만든 연한 노랑 주스, 비트로 만든 새빨간 주스, 토마토로 만든 연한 빨강 주스, 탄산수로 만든 투명 주스, 운동할 때 먹는 파랑 주스, 포도로 만든 보라 주스…, 다양한 색깔의 주스를 딩동이에게 줄 수 있겠네요.

더 다양한 색깔의 주스를 주고 싶다고요? 그럼 빨강 주스와 주황 주스를 반반 섞어 보세요. 또 노랑 주스와 파랑 주스도 반반 섞어 보고요. 또 다른 색깔의 주스가 만들어지지요? 세 가지, 네 가지 주스를 섞어도 좋아요. 다양한 색깔의 주스를 딩동이에게 더 많이 줄 수 있으니까요. 살짝 맛을 보고 싶나요? 잠깐! 딩동이에게는 맛있지만 우리에게는 맛이 없을 수도 있답니다.

시중에 파는 다양한 색깔의 음료수와 주스로 해도 괜찮지만 금술님의 에너지와 열정이 있다면 실제 채소와 과일을 준비해 적당하게 썬 다음 거름망에 넣고 즙을 내어 주스를 만들어도 좋습니다.

아이들이 만든 주스 색깔을 보고 '예쁘다'라는 표현보다는 "지금까지 없던 또 다른 색깔의 주스가 만들어졌네!", "진짜 특이한 색깔 주스가 완성되었네!"라고 표현하는 것이 좋습니다. 세상의 모든 색은 다양해서 멋지니까요.

> 그림책 속
> 음식 만들며
> 놀기

《평범한 식빵》 종종 지음
그린북 | 2021

네모난 '식빵이'는 울퉁불퉁한 근육을 가진 크루아상을 부러워하고, 알록달록한 도넛을 부러워합니다. 평범한 자신의 모습을 보며 속상해하는 식빵이. 그때 식탁 건너편의 화려한 샌드위치가 너무 멋져 보여 물어봅니다. 어떻게 그런 멋진 빵이 되었냐고요. 샌드위치는 뭐라고 대답할까요?

평범해서 특별한 '나'의 발견을 이야기하는 이 그림책은 아이들에게 친근한 식빵을 주인공으로 하여 다양한 개성이 있는 여러 빵과의 만남, 그리고 조화를 알려 줍니다.

이 그림책을 본 후 빵집에 있는 식빵을 본다면 평범한 식빵이 분명 전과는 다르게 느껴질 겁니다. 맛과 색이 다양한 빵 사이에서도 언제나 그 자리를 지키고 있는 평범한 식빵의 특별함을 알아보세요.

 놀이법

준비물 : 식빵, 과자, 잼 등

평범한 식빵을 평범한 과자나 식자재로 꾸며 봅니다. 새롭거나 접하기 힘든 재료가 아니라 언제나 만날 수 있는 평범한 먹거리들을 활용하는 것이 좋아요. 식빵 위에 잼으로 표정을 그려도 좋고, 치즈나 다른 재료로 표정을 만들어도 좋습니다. 평범한 표정을 만들었다면 특별한 표정을 만들어서 두 가지 대비되는 표정을 비교해 보세요. 웃는 표정이 평범한 표정일까요, 자는 표정이 평범한 표정일까요?

플러스 놀이

만든 식빵의 표정을 보고 똑같은 표정을 지어 보세요. 그리고 언제 이런 표정을 짓게 되는지 이야기하며 또 다른 표정도 탐색해 봐요. 지루한 표정, 우울한 표정, 배고픈 표정, 졸린 표정, 행복한 표정 등 여러 가지 표정을요. 그중에서 가장 나와 어울리는 표정의 식빵을 골라 볼까요? 또 누군가에게 바라는 표정도요. 평범한 표정들을 탐색하고 표현하며 나만의 특별한 표정을 찾아보는 겁니다.

| 그림책 속 음식 만들며 놀기

《김철수빵》 조영글 지음
봄볕 | 2022

아이를 키워 봤거나 키우고 있는 금술님이라면 잘 아실 겁니다. 아이가 자랄 때 하는 모든 행동이 무척이나 예쁘고 사랑스럽지만 때로는 아이의 소소한 요구들이 얼마나 부모를 힘들게 하는지를요. 어떻게 보면 간단하지만 어떻게 보면 복잡한 요구가 이어지다 보면 결국 안 된다는 말로 제재하거나 아이의 요구를 외면하기도 하지요.

아이의 꾸준한 도전의식과 쉽지 않은 부모의 일상을 함께 담은 이 그림책은 뭐든 자신이 해 보겠다고 나서는 한 아이의 이야기를 담고 있습니다. 주인공 철수가 해 보겠다고 나서는 것은 바로 '빵 만들기'입니다. 이 책에는 필요한 재료부터 레시피 등 빵 만들기에 필요한 모든 것이 다 담겨 있는

데 하이라이트는 바로 빵 반죽에 있습니다. 반죽을 치대면서 '행님 주먹'을 날리는 철수의 모습이 무척 귀엽거든요. 그중에서도 가장 귀여운 것은 밀가루 반죽을 굴리고 두드리며 내는 소리 "뚜쉬뚜쉬!"입니다.

여러분도 밀가루와 물로 반죽을 만들어 행님 주먹을 날리고 "뚜쉬뚜쉬!" 소리 내며 두드려 보세요. '뚜쉬뚜쉬' 말고 더 신나는 반죽 치대는 소리는 없을까요? '뿌숑뿌숑'은 어떤가요? '파박파박'도 괜찮겠지요. 소리가 무엇이든 이 활동은 스트레스 완화 및 감정 표출에 참 좋습니다.

딱 보니 유치원생들과 놀기에 좋겠다고요? 그런데 이 놀이는 초등 고학년도, 중·고등학생도 무척이나 좋아하는 놀이랍니다! 단, 초등학생 이상의 아이들과 놀 때는 규칙을 하나 세우셔야 해요. "뚜쉬뚜쉬든 뿌숑뿌숑이든 다양한 반죽 소리를 만들어도 좋아. 단 욕이나 비속어, 은어는 금지란다!" 하고요.

또 다른 그림책들

우리 동네 달걀왕

오하나 지음 | 파란자전거 | 2015

혼자서 뭔가를 해낸다는 건 아이에게 큰 자신감을 주고 자아효능감을 높여 줍니다. 요리 역시 마찬가지예요. 그중 우리 아이들이 즐겨먹는 달걀 프라이를 같이 해 볼까요? 사실 달걀 프라이는 자주 먹는 간단한 요리이지만 불과 기름을 사용하기 때문에 요리 전 과정이 어른의 몫이지요. 그러니 놀이를 통해 간접 경험을 해 봐요. 달걀 프라이를 만드는 과정을 팬터마임으로 해 보는 겁니다. 프라이팬이 달궈졌음을 확인하는 방법부터 달걀 깨는 방법, 소금 뿌리는 동작, 그릇에 담는 동작까지 아주 세심하게 살펴보고 정말 손에 달걀이 있는 것처럼, 프라이팬을 잡은 것처럼 팬터마임으로 표현하는 거예요.

재미있게 먹는 법

유진 지음 | 한림출판사 | 2014

아이들이 음식을 맛있고 즐겁게 먹으면 얼마나 좋을까요? 여기, 재미있게 식사하는 방법을 담은 그림책이 있습니다. 토끼가 어석어석 당근을 갉아 먹고, 황소가 채소를 짭짭 씹어 먹어요. 우리도 토끼처럼 황소처럼 재미있게 먹어 보면 어떨까요? 식탁 위 반찬들이 모두 동물의 음식이라고 생각하면서 말입니다. 이 책을 읽은 후 만큼은 소리를 내며 먹어 보아요. 김치를 먹을 땐 토끼처럼 서걱서걱, 고기를 먹을 땐 소처럼 짭짭짭짭, 나물을 먹을 땐 고래처럼 아홍아홍! 소리를 내면서 말이에요.

> 또 다른 그림책들

마음요리

엄지짱꽁냥소 지음 | 노란돼지 | 2021

마음이 힘들 때 우리를 위로해 주는 것은 참 많지요. 친구의 따스한 말 한마디, 한적한 곳으로의 외출, 혼자만의 시간 등 말입니다. 하지만 그중에서도 가장 위로가 되는 건 바로 맛있는 음식이 아닐까요?

《마음요리》에는 다양한 메뉴가 있습니다. 공부 때문에 고민인 친구에게는 어떤 요리를 주면 좋을까요? 일이 많아서 힘든 아빠에게는 어떤 요리를 맛보게 하고 싶나요? 또 나는 어떤 요리를 먹으면 힘이 더 날까요? 다양한 사람들에게 상황에 어울리는 맛있는 요리를 처방하여 대접해 주세요. 마음을 따스하게 요리해 주는 요리사처럼, 마음을 치유해 주는 의사 선생님처럼 말입니다.

된장찌개

천미진 지음 | 강은옥 그림 | 키즈엠 | 2015

다양한 재료들이 의인화되어 된장찌개가 완성되는 과정을 흥미롭게 담아냈습니다. 추위에 몸을 떨던 멸치, 감자, 호박, 버섯, 대파 등의 재료들이 온천을 발견하고는 풍덩 풍덩 뛰어들며 행복해하지요. 된장찌개 만드는 과정이 이야기에 사르르 녹아 있어 그림책을 다 본 후에는 아이와 함께 맛있는 된장찌개를 끓이며 그림책 이야기를 떠올릴 수 있습니다. 된장찌개 재료들을 함께 손질하여 그림책에 나온 순서대로 뜨거운 온천물에 재료들을 넣어 끓이고 맛을 보세요. 직접 끓인 구수한 된장찌개의 맛에 아이가 흠뻑 빠지게 될 겁니다. 지금까지 된장찌개를 안 좋아했던 아이라도요.

chapter 5

그림책 자체로 노는 그림책 예술놀이

그림책은 그 자체가 예술이고, 아이들의 자연스러운 놀잇감입니다. 아이들이 보는 첫 번째 책인 그림책은 하나의 예술작품이라고 해도 과언이 아니지요. 그림책을 보다 보면 어느 한 장면에서 멈춰 가만히 그림을 응시하거나 글을 마음으로 음미하는 순간이 생깁니다. 아이들도 마찬가지예요. 특정 장면의 그림을 유독 좋아하기도 하고 어떤 그림책은 보고 또 봐도 지겨워하지 않지요.

그림책의 본질은 하얀 바탕입니다. 그 하얀 바탕을 어떤 글과 그림으로 채울지, 그림책의 창조자인 작가는 치열하게 고민하고 한계 없이 상상합니다. 그러한 과정이 하얀 여백을 채우고 혹은 비워 한 권에 오롯이 담기는 겁니다. 그렇게 만들어진 그림책을 만지고, 펼치고, 책장을 넘기고, 쌓으며 아이들은 그림책과 친구가 됩니다.

그래서 그림책은 아이들의 가장 예술적이고 창의적인 장난감입니다. 장난감 같은 그림책, 예술작품과도 같은 그림책, 그 그림책 자체로 놀아 보면 어떨까요? 세상에서 가장 예술적이고 창의적인 놀잇감으로 노는 기회를 놓치지 마세요.

그림책 자체로 흥미 유발하며 놀기

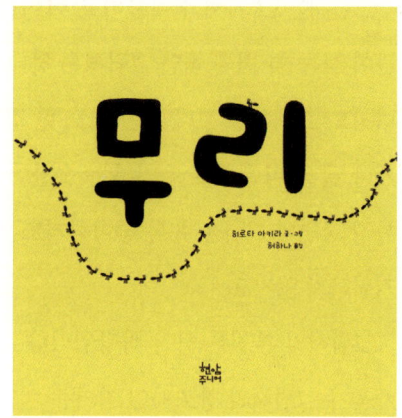

《무리》 히로타 아키라 지음
허하나 옮김 | 현암주니어 | 2020

'다른 그림 찾기'라는 놀이 아시지요. 똑같은 그림으로 보이는 두 그림을 비교하며 서로 다른 부분을 찾아내는 놀이입니다. 《무리》는 다른 그림 찾기의 그림책 버전이라고 할 수 있습니다. 단순한 놀이로 끝나는 게 아니라 다양성을 인식하게 하고 '차이'와 '다름'을 구분하게 해 주지요. 다양한 집단이 등장하는 이 책은 책장을 꽉 채운 그림을 유심히 보지 않으면 '뭔가'를 발견할 수 없습니다. 두 번째 본다고 해서 처음에 봤던 '뭔가'를 또 바로 발견하기도 힘들지요. 그래서 더 열심히 들여다보게 됩니다.

남들과 다른 것 같아 불안해하거나 타인의 시선을 의식하는 아이라면 다름을 받아들이며 자연스럽게 놀기 좋은 이 그림책을 함께 보세요.

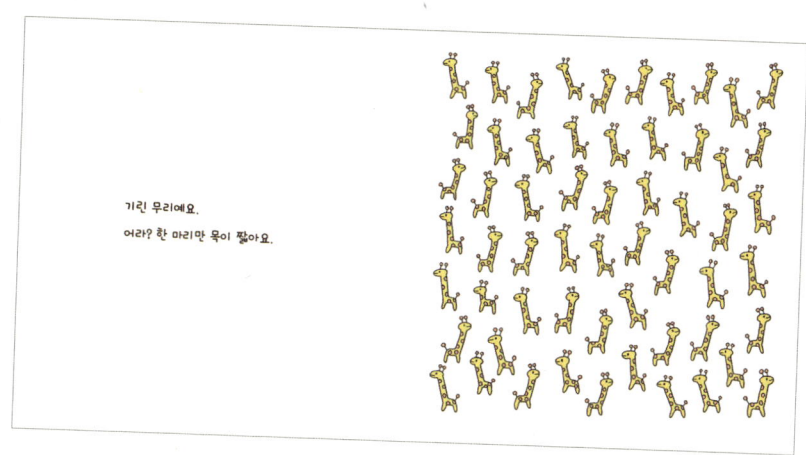

기린 무리예요.
어라? 한 마리만 목이 짧아요.

 놀이법

집이나 교실에 있는 특정 공간을 주목하세요. 싱크대가 있는 벽이나 칠판이 있는 교실 앞쪽 벽 등 한쪽 벽이면 좋습니다. 그리고 그 공간을 기억하게 합니다. 예를 들어 칠판이 있는 교실 앞쪽 벽이라면 분필은 어디에 놓여 있는지, 자석은 어느 부분에 몇 개가 붙어 있는지, 어떤 공지가 붙어 있는지 등을 자세히 기억하게 하는 겁니다.

그런 다음 술래 한 명을 제외한 나머지 친구들은 약 20초 동안 눈을 감게 합니다. 그동안 술래는 칠판이 있는 벽면의 물건에 약간의 변화를 줍니다. 놓여 있던 위치를 바꾸거나 아예 물건을 숨기거나 새로운 물건을 등장시키면 됩니다. 약속한 시간이 지난 후 나머지 친구들이 눈을 뜨고 손을 들어 아까와 어디가 어떻게 달라졌는지 자세하게 설명하도록 합니다.

마치 기억력 테스트와도 같은 이 놀이는 아이들이 평소 익숙하고 당연하게 생각했던 공간을 낯선 시각으로 바라보며 평소에는 몰랐던 새로운 공간으로 느끼도록 도와줍니다. '이 물건이 언제부터 여기에 있었지?', '처음부터 여기에 있었던 것 같은데 아니었네?' 하며 신기해하기도 하죠.

플러스 놀이

종이 한 장에 자신에게 의미 있는 무리를 표현하는 것도 좋습니다. 그 무리는 어떤 물건일 수도 있고, 글자일 수도 있고, 교과 과목 혹은 공부 방법일 수도 있습니다. 이 놀이를 초등학생들과 했을 때 한 아이가 종이 가득 '수학'이라는 두 글자를 파란색 네임펜으로 빼곡히 채우고 '미술'이라는 두 글자를 귀퉁이에 한 번 썼던 것이 떠오릅니다. 수학학원에 다니고 있지만 자신이 진짜 다니고 싶은 학원은 미술학원이라고 하더군요. "엄마가 이제 미술은 그만 다니래요. 6학년 중에 미술 다니는 건 나뿐이라고…."

아이들은 안전하고도 익숙한 무리와 집단에 속해 일상을 지내고 있지만 알고 보면 크고 작은 다름을 꿈꾸고 있습니다. 겉으로는 표현하지 않더라도요. 그러니 이 그림책을 다양하게 활용해 보세요. 놀이의 포인트가 '틀림'이 아닌 '다름'에 있음을 잊지 마시고요.

그림책 자체로
흥미 유발하며
놀기

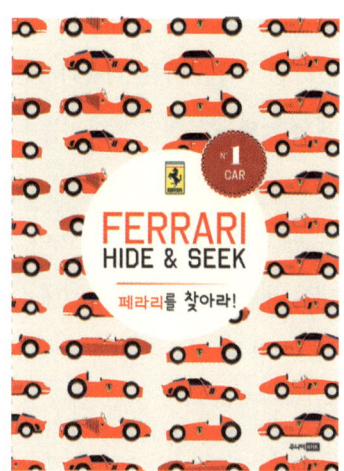

《FERRARI HIDE & SEEK 페라리를 찾아라!》
주니어RHK편집팀 지음 | 베로니카 포치 그림
주니어RHK | 2016

숨은그림찾기는 집중력 향상과 두뇌 계발에 도움이 되지요. 이 그림책은 강렬한 빨간색 슈퍼 카 페라리와 숨은그림찾기가 만난 액티비티북으로 자동차를 좋아하는 사람이라면 아이든, 어른이든 폭 빠져들 정도로 매력적입니다. 게다가 숨은그림찾기는 물론 같은 그림 찾아 연결하기, 모양이 다른 그림 찾기, 숫자 세기, 플랩 열기 등 누군가 설명해 주지 않아도 아이가 능동적으로 탐색하고 사고할 수 있는 재미있는 활동이 가득합니다. 금술님들이 봐도 '우와~' 하는 탄성이 나올 거예요. 차를 좋아하는 아이는 차를 더 좋아하게 되고, 차에 호기심이 없던 아이는 이 그림책을 계기로 자동차의 매력에 빠지게 되는 특별한 책입니다.

놀이법

일반적으로 한 반에 약 25명 내외의 학생이 있습니다. 생김새와 성격, 취향, 스타일이 각기 다른, 익숙하지만 온전히 알지 못하는 타인이 모여 한 공간에서 함께 공부하고 이야기를 나누고 밥을 먹으며 서로를 알아나갑니다. COVID19로 인해 안타깝게도 얼굴 반 이상을 마스크로 가리고 있기에 같은 반 친구인데도 불구하고 마스크 벗은 얼굴을 한 번도 보지 못한 채 학년이 바뀌기도 합니다. 그런데 신기하게도 마스크를 썼지만 아이들은 압니다. 한 명 한 명의 특징과 개성을요.

이 그림책을 읽고 학급 친구 중 한 친구의 특징을 떠올리고 찾아내는 숨은그림찾기를 하며 놀아 볼까요? 놀다 보면 '어? 이 친구의 눈썹이 이렇게 생겼구나!' 하고 아주 사소한 점까지 알게 될 겁니다. 눈동자 색깔, 버릇, 안경테 모양, 자주 하는 말, 신는 신발 브랜드, 좋아하는 간식 등 찾아야 할 것은 매우 많습니다.

발표하는 친구가 교탁에 나와 한 친구를 떠올리고 그 친구에 해당하는 다양한 특징을 한꺼번에 말해 봅니다. "오늘 무테안경에 검정 양말을 신고 책상에 연필 하나만 올려놓은 친구를 찾아라!", "머리를 풀고 실내화 한쪽을 벗은 채 지금 칠판을 쳐다보며 웃고 있는 친구를 찾아라!" 하는 식으로 말하면 나머지 친구들이 해당 친구를 찾는 겁니다.

혹은 한 교실에서 지내며 함께 경험한 사소한 에피소드를 얘기하고 찾아도 좋아요. "1학기 때 복도에서 뛰다가 넘어져서 한참 동안 못 일어났던 친구를 찾아라!", "국어 시간에 발표하다가 발음을 잘못해서 웃겼던 친구를 찾아라!", "체육 시간에 실수로 공을 던져서 친구 얼굴을 맞췄던 친구를 찾아라!", "매일 급식 메뉴를 줄줄 외우는 친구를 찾아라!" 이런 식으로요. 함께한 시간을 떠올리며 공감대를 형성하고 서로 다르게 떠올리는 기억에 관해 더 많은 이야기를 나누며 새로운 추억을 만들 수 있답니다.

플러스 놀이

선택지를 점점 좁히며 누군가를 탐색하고 싶을 때는 이렇게 해 보세요. 우선 한 학생이 교실에 있는 한 친구를 염두에 두고 교탁 앞에 나와 그 친구의 특징을 말합니다. 예를 들어 "수학 시간만 되면 가장 슬픈 눈이 되는 친구를 찾아라!" 하고 말하는 겁니다. 나머지 학생들이 예상되는 친구들을 손가락으로 가리키면 지목받은 친구들은 자리에서 일어납니다. 그 상태에서 발표하는 학생이 다른 특징을 말하면서 일어선 후보를 줄여나가는 겁니다. 발표하는 친구가 염두에 둔 친구가 마지막 한 명으로 남으면 성공입니다. '숨어 있는 급식 메뉴 찾기'나 '숨어 있는 과목 찾기', '숨어 있는 학용품 찾기'로 변형해 놀 수도 있습니다.

물론, 집에서도 할 수 있어요. 숨은 가족 찾기, 숨은 물건 찾기, 숨은 음식 찾기 등 다양하게 변형해 놀아 보세요.

그림책 자체로
흥미 유발하며
놀기

《올빼미일까 부엉이일까?》
엠마 스트락 지음 | 기욤 플랑트방 그림
이정아 옮김 | 매직사이언스 | 2019

  분명히 아는 것 같은데 헷갈리는 경우가 있지요. 이 그림책 제목처럼 '올빼미와 부엉이의 다른 점' 같은 거요. 올빼미도 알고 부엉이도 아는데 올빼미와 부엉이의 다른 점을 설명해 보라고 하면 쉽지 않습니다.

  알쏭달쏭 헷갈리는 것이 세상에는 참 많은데 이 그림책에는 그렇게 헷갈리는 것들이 한데 담겨 있습니다. 그것도 동물, 음식, 지구, 패션, 인체, 문화를 어우르는 모든 헷갈리는 것들이요! 몇 가지만 말해 볼까요? 크로커다일과 앨리게이터, 귤과 감귤, 별과 행성, 청바지와 데님, 홍채와 동공, 테라스와 발코니. 각각의 차이를 설명할 수 있나요? 설명할 수 있다면 그것이 정말 정확할까요?

《올빼미일까 부엉이일까?》에는 그 차이점이 자세한 설명과 함께 그림으로 표현되어 있어 한눈에 그 차이점을 알 수 있습니다. 한 장 한 장 넘겨 보며 '아하!' 하는 깨달음의 즐거움과 배움의 즐거움을 느껴 보세요.

 놀이법

'비슷하지만 다른 점 찾기' 놀이는 하면 할수록 공부하는 것 같은 느낌이 듭니다. 그런데 분명 놀이죠. 그래서 아이들이 '놀면서 공부하는 느낌'이라고 말하곤 합니다.

놀이법은 아주 쉽습니다. 이 그림책에 실린 내용처럼 헷갈리는 두 가지를 찾고 자신이 생각하는 둘의 차이점을 설명하면 됩니다. 설명을 다 듣고도 의문이 생기면 함께 이야기를 나누며 그 뜻을 다듬어 나가세요.

아이들이 찾아낸 헷갈리는 것들엔 뭐가 있을까요? 스마트폰과 휴대전화, 글자와 글씨, 감정과 기분, 가르치다와 가르키다, 계속과 쭉, 뚝딱과 똑딱, 호흡과 숨, 도둑과 범인, 국수와 국시… 알고 보면 세상엔 비슷하지만 다르고 헷갈리지만 다른 것이 참 많습니다. 헷갈리는 것을 찾아 적고 직접 답을 찾아 차이점을 정리하는 과정은 공부인 듯, 공부 아닌, 놀이 같은 시간이 될 것입니다.

그저 즐겁게 하세요. 아, 지금 이 느낌은 즐거운 걸까요, 재미있는 걸까요?

> 또 다른 그림책들

너는 누구니?

안느-엘렌 뒤브레이 지음 | 김세혁 옮김 | 푸른숲주니어 | 2018

책장을 넘길 때마다 두고두고 기억에 남는 반전의 기쁨을 주는 그림책이 있습니다. 동물의 몸 일부를 보고 전체를 생각하며 읽는 이 책 또한 그렇습니다. 예상을 뒤엎는 동물의 등장에 쾌감이 느껴질 정도랍니다. 책을 읽고 아이들과 '반전 대사 놀이'를 해 보세요. 발표자가 어떤 대사를 말하면 나머지가 어느 장소와 어울리는 대사인지를 맞추는 겁니다. 발표자는 그 장소에서 할 수 있지만 자주 하지 않는 특별한 대사를 실감 나게 말하면 됩니다. 예를 들어 "힘내! 할 수 있어!"라는 대사를 외쳤다면 어느 장소와 어울리는 대사일까요? 운동장이요? 아뇨! 바로 화장실입니다. 어때요, 완전 반전 대사이지요?

상상 상자

오하나 지음 | 반달 | 2020

덩그러니 놓인 상자에서 무슨 일이 일어날까요? 네모가 들어갔는데 돼지가 나오고, 동그라미가 들어가니 사슴이 되어 나옵니다. 이 상자는 뭐냐고 수군거리던 글자들은 앞다투어 상자에 들어가려고 하죠. 물고기가 되고 싶은 글자, 새가 되고 싶은 글자, 토끼, 원숭이, 사자가 되고 싶은 글자들은 모두 상자 안에서 변할 모습을 기대합니다. 그림책을 읽고 상상 상자를 만들어 보세요. 상자 안에 자음 두 개가 쓰여 있는 종이를 여러 장 넣은 다음 한 장만 꺼내 볼까요? 'ㄱㅂ'이라고 쓰여 있네요. 자, 이제 얼른 생각한 다음 'ㄱㅂ'으로 시작하는 물건을 찾아오는 겁니다. 어서요!

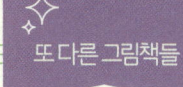

호랑이는 왜 동물원을 나왔을까?

마르 비야르 지음 | 문주선 옮김 | 모래알(키다리) | 2021

이 그림책은 독특합니다. 이야기는 이야기대로 흘러가는데 그 속에 '숨은 호랑이 찾기' 놀이가 자연스럽게 녹아 있습니다. 호랑이는 호랑이대로 숨어 있고, 마을 사람들의 소소한 사연도 숨어 있지요. 그림책 속 마을 전체를 천천히 살펴보다 보면 어이쿠, 또 뭔가를 찾게 됩니다. '네가 왜 거기서 나와?' 싶을 정도로 엉뚱한 곳에서 인어, 외계인, 유니콘과 같은 신비스러운 존재가 자연스럽게 등장하지요. 그림책 제목처럼 동물원을 나온 호랑이도 찾아야겠지요? 공고문에는 어떤 내용이 들어가야 할까요? 생김새, 특징, 입고 있던 옷, 잃어버린 장소와 날짜, 연락처가 있으면 될까요? 만일 호랑이가 아닌 '나'를 잃어버렸다면 어떤 공고문을 만들어야 할지 상상하고 이야기를 나눠 보세요.

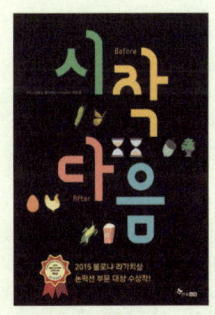

시작 다음 Before After

안느-마르고 램스타인, 마티아스 아르귀 지음 | 한솔수북 | 2015

이 그림책에는 '시작'과 '결과', '처음'과 '끝'만 존재합니다. 그러나 세상의 다양한 변화, 자연의 순리, 시간의 흐름을 한 장면에 담아냈지요. 그림책을 펼치고 오른쪽을 종이로 가리세요. 그리고 왼쪽에 그려져 있는 '시작' 그림을 본 후 오른쪽의 '다음' 그림을 추측하며 이야기를 나눠 보세요. 거꾸로 오른쪽에 그려져 있는 '다음' 그림을 먼저 본 후에 왼쪽의 '시작' 그림을 예상해도 됩니다. 퀴즈를 맞히듯 즐겁게 상상하다 직업 탐색 놀이로 변형해도 재미있습니다.

> 그림책 속
> 지식과 함께
> 놀기

《물이 돌고 돌아》 미란다 폴 지음
제이슨 친 그림 | 윤정숙 옮김
봄의정원 | 2016

  이 이야기는 한 아이가 수도꼭지에서 받은 물 한 잔으로부터 시작합니다. 그 물 한 잔이 아이 손을 떠나 다시 나무에서 딴 사과로 만든 주스가 되어 아이 손으로 돌아오는 물의 순환 과정을 아름다운 이야기로 표현하고 있습니다.

  '땅이 살금살금 움직여요. 촉촉하게 물기가 배요. 거기에 사과나무가 뿌리를 내리고 있다면? 땅속 물을 꿀꺽꿀꺽 마셔요. 크게 자라 열매를 맺어요. 가장 먹음직스러운 것을 따 볼까요? 사과가 된 거예요. 사과를 으깨면? 똑똑 떨어져요. 홀짝홀짝 마셔요. 졸졸 컵에 따라요. 사과 주스가 된 거예요.'라는 그림책 속 문구가 마치 시처럼 느껴지는 건 저뿐만은 아니겠지요.

아이와 함께 그림책을 읽으며 사과 주스를 맛보세요. 그리고 사과 주스 한 잔이 만들어지기까지의 과정에 담긴 의미를 나눠 보세요.

 놀이법

준비물 : 큰 종이(전지의 반 크기), 색연필, 사과 주스

큰 종이에 그림책 속 물 한 잔이 어떻게 사과 주스가 되는지 간략하게 적어 봅니다. 그림책 속 이야기를 따라가며 물의 순환 과정을 눈으로 확인할 수 있도록 종이에 표현하는 겁니다. '수도꼭지 물 받기 → 물 끓이기 → 하늘 → 비 → 물웅덩이' 이런 식으로요. 그림이나 선으로 표현해도 좋습니다. 마지막 과정은 '사과나무 뿌리 → 줄기 → 사과'이겠지요. 마지막 화살표는 아이와 함께 마시는 사과 주스로 향하게 하여 물 한 잔의 길고 긴 여정을 느끼게 해도 좋습니다.

수도꼭지에서 나온 물이 사과 주스가 되기까지의 과정을 짚어 보며 물의 순환에 관해 이야기 나누고 책 뒷부분에 실려 있는 동물과 식물의 몸은 거의 70% 이상의 물로 되어 있다는 점과 우리 사람의 몸도 65%가 물로 되어 있다는 사실을 알려 주면 물의 소중함을 더 크게 느끼게 되겠지요. 물의 순환과 모습의 변화를 우리에게 적용해 보면 어떨까요? 함께하는 아이들과 공통 여정을 정합니다. 예를 들어 시작점을 '태어난 순간'으로 정하고 마지막 지점을 '지금'으로 하여 가장 드라마틱한 네 순간을 추리고 그 순간에 어울리는 동작을 생각하세요. 그런 다음 스티커사진 '인생네컷'을 찍듯이 네 번의 연속 동작을 '멈춤!'으로 보여 주면 됩니다.

그림책 속 지식과 함께 놀기

《다름 : 다르지만 같은 우리》
박규빈 지음 | 다림 | 2017

　우리나라는 인사할 때 고개를 숙여 인사합니다. 식사는 숟가락과 젓가락을 이용하지요. 그런데 만일 우리나라에서 인사를 할 때 뺨을 때리며 인사하면 어떻게 될까요? 밥을 손으로 먹는다면요? 정말 있을 수 없는 일이라고 혼나겠지요. 하지만 이누이트족은 인사를 할 때 서로의 뺨을 때리며 반가운 마음을 표현하고, 인도에서는 맨손으로 밥을 먹는 게 아주 자연스러운 일이랍니다. 우리나라에서는 절대 안 되는 일이 다른 나라에서는 자연스러운 것은 문화가 다르기 때문입니다.
　이 그림책은 생활 속 문화의 차이를 담고 있어 무척 흥미롭습니다. 무엇보다 뺨을 때리며 인사하는 문화가 틀린 것이 아니라 우리 문화와 다른 것이고, 손으로 밥을 먹는 게 이상한 것이 아니라 우리 문화와 차이가 있을 뿐임을 독특한 제본 형식으로 한 번에 이해하기 쉽게 보여 주지요.

 놀이법

그림책을 넘기며 우리나라와 다른 어떤 문화가 있는지 보며 직접 상황 연출 즉, 상황극을 해 봅니다. 등굣길에 친구와 만났을 때 손을 흔들며 인사하는 것이 아니라 그림책 속 이누이트족처럼 뺨을 때리며 인사하는 거죠. 단, 너무 세게 때리면 안 되고 살짝 뺨을 스치는 듯한 연기로요. 점심시간 학교 급식실 상황극도 해 보세요. 맛있는 밥과 반찬을 숟가락과 젓가락이 아닌 손으로(인도처럼 오른손으로만) 먹는 상황을 연기해 보세요. 너무 맛있어서 친구에게도 먹여 주고 싶어도 꼭 손으로 먹여 줘야 한답니다.

그림책을 보고 상황극을 해 봤다면 이제 우리만의 문화를 만들 차례입니다. 우리 반 친구들에게만 해당하는 우리 반의 새로운 문화를 만들어 봅니다. 누군가 발표를 잘하면 "잘했어!" 하고 엄지손가락을 들어 주는 대신 '우끼끼, 우끼끼' 하며 원숭이 흉내 내는 문화는 어때요? 친구가 실수로 나를 불편하게 할 때는 "너 왜 그래!" 하고 짜증을 내기보다는 엄지손가락과 집게손가락으로 귀여운 하트를 만들어 보여 주며 "야~." 하고 말하는 문화는 어떨까요? 우리만의 인사법, 우리만의 사과 방식, 우리만의 식사 예절, 우리만의 사랑 표현 등 뭐든 괜찮습니다. 친구들과 우리만의 문화를 만들어 보고, 그것을 상황극으로 표현하며 놀다 보면 서로의 다름을 인정하는 마음이 커진답니다.

그림책 속 지식과 함께 놀기

《토마토, 채소일까? 과일일까?》
김황 지음 | 김이랑 그림 | 채영 감수
웅진주니어 | 2017

    토마토는 채소일까요, 과일일까요? 아무리 생각해도 토마토는 과일이라고요? 사과, 바나나, 감, 귤과 함께 팔고 있으니까요. 아니, 토마토는 채소라고요? 오이, 당근, 양상추 등과 함께 샐러드 재료로 쓰이고 건강에 좋은 채소를 소개할 때 토마토가 빠지지 않으니까요. 아…, 정말 어렵네요.
    예전 미국에서는 채소를 수입하는 상인들이 세금을 내야 했어요. 그래서 상인들은 세금을 내지 않으려고 토마토가 과일이라고 주장했답니다. 반대로 세금을 거두려는 쪽은 토마토가 채소라고 주장했지요. 양측의 주장이 얼마나 팽팽했는지 결국 '토마토 재판'까지 열렸답니다.
    과연 토마토는 채소인지, 과일인지 생각해 보세요. 만일 자신이 토마토

법정의 판사라면 어떤 판결을 내렸을지도요. 판사가 되어 '판결문'을 쓴 후 판사처럼 당당하고 명료하게 판결문을 읽어 보는 것도 좋겠지요.

 놀이법

준비물 : 종이와 연필

'토마토, 채소일까? 과일일까?'처럼 이렇게 두 가지로 나뉘어 헷갈리는 논제들을 더 찾아서 탐색하며 놀아 봅시다. 예를 들어 '닭이 먼저일까, 달걀이 먼저일까?', '감자가 맛있을까, 고구마가 맛있을까?', '걷기 운동이 좋을까, 뛰는 운동이 좋을까?', '책을 읽을까, 영화를 볼까?', '취미는 골고루 다양하게 가지는 게 좋을까, 정말 잘하는 취미 한 가지만 가지는 게 좋을까?', '숙제하고 놀까, 놀고 난 후에 숙제할까?', '밤늦게까지 공부하는 게 좋을까, 새벽에 일찍 일어나 공부하는 게 나을까?'처럼 비슷하지만 다른 논제를 탐색하고 그에 관해 이야기 나누며 나와 타인의 다른 생각을 즐겁게 공유하는 시간을 갖는 겁니다. 처음에 금숟님이 논제를 제시했다면 나중에는 학생들 스스로가 찾아보고 이야기 나눌 수 있도록 해 주세요.

논제를 들 때 성차별적인 요소가 있거나 편견, 고정관념이 있는 논제들은 금숟님이 판사가 되어 제외해야 합니다. 예를 들어 '일하는 아빠가 힘들까, 살림하는 엄마가 힘들까?', '공부를 잘하면 성격도 좋고, 성격이 나쁘면 공부도 못할까?', '쌍꺼풀이 있으면 예쁜 눈이고, 쌍꺼풀이 없으면 안 예쁜 눈일까?' 같은 논제들은 서로 다름을 인정하지 않는, 누군가에게는 민감한 이야기일 수 있으니까요.

그림책 속 지식과 함께 놀기

《와~ 똥이다》
표영민 지음 | 젤리이모 그림
쉼어린이 | 2020

　호랑이는 늑대를 먹습니다. 늑대는 오소리를 먹지요. 오소리는 너구리를, 너구리는 뱀을, 뱀은 생쥐를, 생쥐는 곤충을 먹습니다. 이렇게 생물이 먹고 먹히는 과정을 '먹이 피라미드'라고 하지요. 먹이 피라미드는 생태계 유지를 위해 꼭 필요하고 자연스러운 순환 과정입니다.

　여기, 풀밭 가운데 툭 떨어진 똥 덩어리가 있습니다. 이 똥 덩어리는 먹이 피라미드의 어느 부분을 차지하고 있을까요? 아니, 똥도 먹이 피라미드의 어떤 부분을 차지하긴 하는 걸까요? 그건 그림책으로 확인하세요! 우리는 그림책 속 먹이 피라미드 이야기로 즐겁고 유쾌하게 놀아 봅시다.

놀이법

먼저 그림책 속 먹이 피라미드를 머릿속에 잘 정리할 수 있도록 그림책 퀴즈를 내어 봅니다. "똥을 먹은 건 누구일까요?" 정답은 똥을 좋아하는 파리입니다. "그렇다면 파리를 먹은 건 누구일까요?" 정답은 파리를 좋아하는 잠자리입니다. 이렇게 그림책 책장을 넘기며 즐겁게 복습하듯 먹이사슬을 되짚어 보는 거지요.

이번에는 짝꿍과 번갈아 먹이사슬을 만들어 봐요. 말을 해도 좋고 그려도 좋고 써도 좋아요. 학용품 먹이사슬(연필 < 연필 지우는 지우개 < 지우개보다 강한 수정테이프 < 수정테이프 안되면 종이 풀칠 < 종이 풀칠 안 되면 종이 찢기)을 해도 좋고, 음식 먹이사슬(김치 < 김치가 가득 들어간 김치볶음밥 < 김치볶음밥 엄청 좋아하는 동생 < 동생이 밥보다 더 좋아하는 게임 < 게임 최고로 잘하는 우리 아빠 < 아빠를 최고로 사랑하는 나) 등 어떤 먹이사슬도 좋아요.

플러스 놀이

피라미드 형태를 그려 나의 음식 피라미드를 만들어도 좋습니다. 내가 가장 배고플 때 먹고 싶은 것, 조금 배고플 때 먹고 싶은 것, 적당히 배고플 때 먹고 싶은 것, 배부를 때 먹고 싶은 것, 정말 배부를 때 먹고 싶은 것 등 피라미드 칸마다 종류를 달리해 표현해 보세요. 아, 사랑 피라미드도 좋겠네요. 사랑 피라미드의 맨 위 뾰족한 칸은 누가, 어떤 것이 차지할까요? 이 외에도 꿈 피라미드, 공부 피라미드, 간식 피라미드, 선물 피라미드 등 다양한 피라미드를 만들어 보세요.

그림책 속 지식과 함께 놀기

《비밀스럽고 품격 있는 방귀 사전》
스틴 드레이어, 헤나 드레이어 지음
마리아 버크만 그림 | 최지영 옮김
노란돼지 | 2021

혹시 '영차 방귀'를 아세요? '모임 방귀'는요? 목욕탕 방귀, 화끈한 방귀, 압력 방귀, 공포 방귀… 세상에는 이렇게 다양한 이름을 가진 여러 방귀가 있습니다. 그림책을 읽다 보면 은근 익숙한 방귀라 웃음이 나오고, 경험해 본 방귀라 콕 찔리기도 하고, 처음 알게 된 방귀라 호기심도 생길 거예요.

방귀의 '방' 자만 들어도 웃음을 참지 못하는 우리 아이들에게 이 그림책은 표현 예술 그 자체입니다. 소리로, 표정으로, 행동으로 다양한 방귀를 능동적으로 표현할 테니까요. 방귀의 새로운 정의와 종류, 차이를 알게 하는 그림책으로 우리 함께 즐겁게 방귀에 대해 분석해 봅시다.

 **놀이법**

가장 익숙한 방귀 소리를 입으로 표현해 봅니다. 아이들은 분명 자신이 아닌 가족의 방귀 소리를 표현할 겁니다. 아빠의 뿡뿡 방귀, 엄마의 뽕뽕 방귀, 누나의 퍼드득 방귀 같은 소리를 낼 거예요. 다음에는 방귀 효과음을 듣고 누가 뀐 방귀인지 맞춰 봅니다. 방귀 효과음은 미리 유튜브 등에서 찾아 준비하면 좋습니다.

이제부터는 상황극을 해 봐요. 사람 많고 조용한 곳인 도서관에서 무거운 책을 '여엉~ 차' 들어 올리다 그만 방귀가 '뿡!' 하고 나와 버렸어요. 바로 '영차 방귀'지요. 나라면 이 상황에서 어떻게 위기를 모면할 수 있을까요? 혹은 조용한 교실에서 친구들과 공부를 하는데 방귀가 '뽀오옹~' 하고 나와 버렸어요. 갑자기 큼큼한 냄새가 퍼지기 시작해서 모두 코를 막아요. 도대체 이 방귀를 뀐 범인은 누구일까요? 내가 범인이라면 어떻게 방귀를 안 뀐 척 연기를 할까요? 함께 표정과 행동으로 상황극을 해 봐요.

플러스 놀이

이 그림책을 읽고 '나만의 방귀 만들기' 놀이를 해도 좋습니다. 개성 있는 방귀 이름과 구체적인 방귀 소리를 만들고 그림책에 있는 것처럼 어떤 상황에서 나오는 방귀를 뜻하는 것인지 이야기를 하거나 글로 써 보는 거죠. 어떤 방귀든 괜찮습니다. 세상의 모든 방귀는 비밀스럽고 품격 있으니까요.

> 그림책 속 지식과 함께 놀기

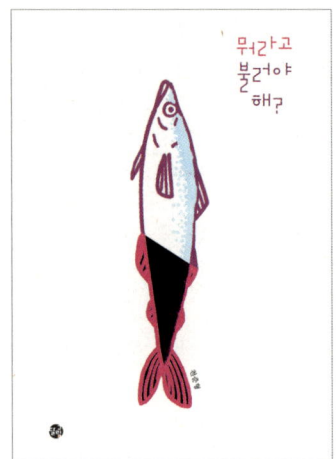

《뭐라고 불러야 해?》
천준형 지음 | 달그림 | 2021

    이 그림책은 생선 한 마리에 관한 이야기를 담고 있습니다. 바로 명태입니다. 그림책 속 명태는 자신을 부르는 이름이 너무나 많은 게 불만입니다. 바닷속에서 자유롭게 헤엄칠 때는 명태, 수산 시장으로 가면 생태, 꽁꽁 얼려지면 동태, 속이 노란색이면 황태, 껍질이 검은색이면 먹태, 흰색이면 백태… 누군가에게 불리는 이름이 정말 많지요.

    겉모습과 환경에 따라 명태 한 마리에 대한 호칭이 얼마나 다양한지 탐색하여 하나하나 기억하고 구분하며 퀴즈 놀이를 해 봅니다. 기억력 테스트처럼 그림책 속 명태가 처한 상황에 따라 뭐라고 불리는지 말입니다.

    나는 어떤가요? 종이 가운데에 내 이름을 쓰고 마인드맵을 그리듯 내 이름 외에 어떤 호칭으로 불리는지 탐색하며 써 봅니다. 장소를 떠올리거나 만나는 대상을 탐색하면 호칭이 더 잘 떠오릅니다. 단 하나의 존재인 내가 세상에서 어떤 호칭들로 불리는지 생각해 보고 그중에서 가장 마음에 드는 호칭은 무엇인지, 가장 듣기 싫은 호칭은 무엇인지도 떠올려 발표를 해 봅니다.

 놀이법

준비물 : 상자, 색종이, 펜

친구들끼리 구체적인 호칭을 탐색해 부르는 연습을 해 봅니다. 예를 들어 "초콜릿만 먹으면 행복해지는 ○○야!"라고 불리면 어떨까요?. "체육 시간만 되면 표정이 밝아지는 ○○야!", "공부도 잘하지만 게임은 더 잘하는 ○○야!", "마음처럼 잘되지 않을 때 짜증 내지만 그래도 포기하지 않고 최선을 다하려고 노력하는 ○○야!"라고 불린다면 기분이 좋겠지요.

뭐든 좋습니다. 자신이 불리고 싶고 기분 좋아질 만한 꾸밈말을 쓰고 자신의 이름 대신에 ○○으로 쪽지에 써서 작은 상자에 모읍니다. 자신이 불리고 싶은 꾸밈말을 쓰되 이름 대신에 동그라미(○○)로 표현하는 게 포인트입니다. 왜냐면 ○○ 안에 어떤 이름이 들어갈지는 쪽지를 뽑는 사람 마음이거든요.

상자에 모은 쪽지를 복불복으로 하나 뽑아 읽습니다. 쪽지에 쓰인 꾸밈말과 어울리는 친구 이름이나 가족 이름, 혹은 내 이름을 ○○에 넣어 부르는 겁니다. 아주 큰 소리로 감정을 넣어서요. 내가 불리고 싶은 꾸밈말, 친구를 부르고 싶은 꾸밈말, 선생님이나 가족 중 누군가를 기분 좋은 꾸밈말을 넣어 직접 부르고, 불리는 경험을 쌓아 보세요.

플러스 놀이

준비물 : 초록색 색종이, 가위, 꿈틀이 젤리

인물이 아닌 허상의 존재를 만들 수도 있어요. 준비물은 꿈틀이 젤리입니다. 초록색 색종이 위에 젤리 봉지 안에 든 왕꿈틀이 하나를 놓습니다. 마치 나뭇잎 위에 애벌레가 있는 모습으로 보이겠지요. 초록색 색종이를 나뭇잎 모양으로 자르거나 그리면 더 좋습니다.

자, 세상에 없던 존재, 나뭇잎 위 꿈틀이를 뭐라고 부르면 좋을까요? 적당한 이름을 지어 주세요. 먹이나 서식환경을 이야기해도 좋고, 싫어하는 것, 좋아하는 것, 앞으로 더 성장한 후의 변화된 모습 등을 이야기해도 좋습니다. 세상에 없던 애벌레를 처음 발견한 사람으로서 뭐라고 부를 것인지 고심하여 정하세요. 그런 다음 이야기를 지어 보세요. 번식력이 좋다는 전제하에 작은 꿈틀이들이 대거 등장하거나 천적이 출연해 먹혀도 좋습니다. 이름 만들기로 시작해 자연스럽게 자신만의 애벌레 이야기를 만들고 공유하며 놀면 됩니다.

> 또 다른 그림책들

라면과 함께라면

윤초록 지음 | 이희은 그림 | 노란상상 | 2020

남녀노소 좋아하는 라면! 그런데 라면에 대해 얼마나 알고 있나요? 라면의 면발이 꼬불꼬불한 이유가 뭔지, 라면 끓이는데 과연 순서가 중요한지, 라면은 정말 몸에 안 좋은 음식인지, 라면과 찬밥이 찰떡궁합인 이유는 뭔지 알고 있나요? 이 그림책에 모두 나와 있습니다.
《라면과 함께라면》을 보면 아이들이 하는 말이 있어요. 바로 "라면 먹고 싶어요!"입니다. 안 될 것 없죠. 큰 지퍼백에 라면을 넣으세요. 그리고 되도록 잘게 부숩니다. 라면을 처음 부술 때 한 가지 규칙이 있어요. 바로 자기만의 구호를 크게 외치면서 부수는 겁니다. 신나게 소리 지르며 뿌셔뿌셔!

누가 좀 말려 줘요!

신순재 지음 | 안은진 그림 | 봄개울 | 2021

그림책 속에서의 '말리다'는 '물기를 다 날려서 없애다'라는 뜻입니다. 또 다른 표현으로는 '증발'이라는 단어도 있지요. 이 그림책은 물웅덩이에 빠져 축축하게 젖은 털북숭이를 빨랫줄에 너는 장면부터 시작합니다. 그러면서 자연스럽게 젖었을 때와 말랐을 때를 비교하며 증발에 대한 개념을 알려 줍니다. 빨래만 말리는 건 아니죠. 먹거리 중에도 사과, 버섯, 생선 등 말려 먹는 것들이 참 많잖아요. 이 그림책은 말리면 말릴수록 영양소와 성분이 진해지는 말려 먹는 식자재에 대한 지식은 물론 물의 변화에 대한 호기심까지 불러일으켜 줍니다.

chapter 6

나를 표현하며 노는 ♡ 그림책 예술놀이

그림책을 읽다 보면 자연스럽게 이야기를 통해 내 경험을 떠올리고, 주인공 모습에 내 모습을 투사할 때가 있습니다. '만일 내가 저 상황에 부닥쳤더라면….' 혹은 '내가 만일 그림책 속 인물이라면….'과 같이 안전하고도 자연스러운 가정하에 다양한 상상을 하지요.

아이들도 마찬가지입니다. '나였다면?'이라는 물음표를 자신에게 던지고 대답을 하기도 하고, 그림책 속 이야기를 듣는 중간에 누가 시키지도 않았는데 "저도 이런 적 있어요." 하며 그림책 속 상황과 비슷한 경험을 떠올려 말하기도 합니다. 너무나 건강한 모습이지요. 스스로 자신의 이야기를 꺼내고 싶어 하고 자신의 이야기를 공유하길 원하는 것 말입니다.

그림책은 자신의 이야기를 가감 없이 꺼내게 하는 용기를 주는 매체입니다. 또한 능동적으로 경험을 떠올려 자연스럽게 나를 탐색하고 표현하게 해 주는 매체입니다. 그 중심에는 늘 '나'라는 존재가 있지요. 아이들이 다양한 그림책을 읽으며 내 이야기를 꺼낼 수 있었으면 좋겠습니다. 안전하게 '나'를 대입하고 자유롭게 '나'를 떠올려 이리저리 생각하고 궁리하며 상상의 나래를 펼쳤으면 좋겠습니다.

즐겁게
나를 표현하며
놀기

《나는 누구인가요?》 토니 뒤랑 지음
안수연 옮김 | 소원나무 | 2021

    이 그림책을 처음 읽었을 때는 지문을 통해 이야기가 펼쳐지는 것 자체가 무척 흥미로웠습니다. 두 번째로 읽었을 때는 '아, 철학책이구나.' 싶더군요. 세 번째 읽었을 때 깨달았습니다. 이 그림책은 '나 탐색' 그림책이라는 것을요. 제게는 그렇게 다가왔습니다.

    그림책 속 주인공은 '지문'입니다. 지문은 자신을 나타내는 가장 중요한 지표 중 하나이지요. 전 세계 어디에도 나와 똑같은 지문을 가진 사람은 없으니까요. 지문으로 나의 휴대전화 잠금화면을 풀고, 지문으로 내 신분을 증명하기도 하는 지금 시대에 '지문'이 주인공인 그림책이라니, 너무 멋지지 않나요?

 **놀이법**

준비물 : 흰 종이, 연한 색 종이, 수성 사인펜 또는 스탬프 잉크 패드, 색연필

물에 잘 지워지는 수성 사인펜으로 손가락 지문에 색을 칠하거나 스탬프 잉크 패드에 손가락을 눌러 종이 여기저기에 찍습니다. 그리고 동그랗게 찍힌 지문마다 점 두 개를 찍어 두 눈을 표현해 사람 얼굴로 형상화합니다(아이가 코와 입까지 그리길 원하면 그렇게 표현해도 됩니다). 그런 다음 얼굴마다 다양한 특징을 씁니다. '피자 좋아하는 아이', '놀이동산 가고 싶은 아이', '아파트 7층에 사는 아이', '친구와 오늘 즐겁게 놀았던 아이', '브로콜리를 싫어하지만 파프리카는 좋아하는 아이' 등 지문마다 짧게 한 줄씩 설명을 씁니다. 종이에 찍힌 지문 얼굴이 모두 다 자신의 모습인 겁니다.

다른 연한 색 종이를 준비해 또 지문을 찍습니다. 그리고 거기엔 가족이나 친구들의 특징을 적습니다. 얼굴 하나는 '밥을 많이 먹는 아빠', 하나는 '산책할 때 행복한 엄마', 또 하나는 '놀이터 그네 잘 타는 친구'… 이렇게 종이 한 장 가득 나의 모습과 또 다른 종이 한 장 가득 내 주변 사람들의 모습을 완성해 보세요.

지문을 찍고 점이나 선으로 간단하게 눈, 코, 입을 그리며 자신과 타인을 탐색하다 보면 자연스럽게 스스로에 대해서, 주변인에 대해서 이야기가 나올 겁니다. 귀 기울여 주세요. 아이와 아이가 표현하는 타인의 소소한 이야기에!

> 즐겁게
> 나를 표현하며
> 놀기

《내 안에는 사자가 있어, 너는?》
가브리엘레 클리마 지음
자코모 아그넬로 모디카 그림
유지연 옮김 | 그린북 | 2020

표지부터 강렬한 인상을 준 이 그림책은 제게 시원함과 함께 후련함을 안겨 주었습니다. 이 그림책은 인간 내면의 복잡함과 다양함을 동물에 빗대어 이야기하고 있는데 어린아이들 역시 복잡하고 다양한 내면을 가지고 있다고 알려 줍니다. 고양이 같은 아이, 물고기 같은 아이, 사자 같은 아이 등 여러 동물의 특성과 자신의 특징, 행동을 공유하면서 아이들은 사람들이 가진 다양한 모습과 함께 자기의 내면을 탐색할 수 있습니다.

여기서 가장 중요한 것은 자기 마음속에 사는 사자를, 물고기를, 고양이를 인정하고 밝히는 것입니다. 그리고 자기의 마음속에 있는 동물처럼 타인의 마음에도 그것이 존재함을 인지하고 존중하는 것입니다. 큰 소리를 내지르는 예술놀이를 통해 스트레스를 해소함과 동시에 자유로움과 당당함을 느끼고, 타인의 마음 또한 들여다볼 수 있기를 바랍니다.

 놀이법

준비물 : 큰 도화지나 신문지, 테이프

큰 도화지나 신문지를 확성기 모양으로 둘둘 말아 테이프로 고정합니다. 그리고 그림책 이야기를 떠올리며 내 마음속에는 어떤 동물이나 물건, 자연물 혹은 음식이 있는지 생각해 봅니다. 그런 다음 표지 속 주인공처럼 큰 소리로 당당하게 확성기에 입을 대고 말하는 겁니다.

만일 금슬님이 집에서 아이와 함께 논다면 아이가 먼저 마음 안에 있는 것을 소리칩니다. 예를 들어 "내 안에는 강아지가 있어!" 하고 소리쳤다면 엄마 금슬님 또한 종이 확성기를 입에 대고 "왜에?" 하고 크게 물어봐 주세요. 그러면 아이가 "엄마가 숨겨 놓은 사탕을 잘 찾으니까!" 하고 크게 대답하는 겁니다. 교실에서 이 놀이가 진행된다면 나머지 친구들이 "왜에?" 하고 크게 물어보면 됩니다.

여기서 주의해야 할 것은 발음입니다. 확성기에 대고 소리를 외치다 보면 부정확한 발음으로 소리만 크게 지를 수도 있거든요. 정확한 발음으로 크게 소리치는 것을 포인트로 삼아야 합니다.

내 안에 있는 무언가를 한두 가지씩 표현하고 타인의 것 또한 공유하다 보면 처음에는 생각나지 않았던 내 안의 무언가가 자꾸만 새롭게 떠오를 겁니다. 금슬님도 아이와 함께 내 안엔 무엇이 있는지 즐겁게 탐색해 보세요.

> 즐겁게
> 나를 표현하며
> 놀기

《가끔씩 나는》
조미자 지음 | 핑거 | 2020

    매 순간 우리는 작은 변화에도 일일이 반응하는 나를 발견합니다. 그리고 그런 내 모습을 바꾸고 싶다는 마음이 들기도 하지요. 나의 마음속 변화, 그 움직임을 따라가며 자연스럽게 마음을 들여다보게 해 주는 이 그림책은 한 장면, 한 장면 오래 머물게 하는 매력을 가지고 있습니다. 장면마다 주인공의 마음이 느껴지고, 주인공과 같은 내 마음도 느껴지거든요.
    그래서 아이들과 이 그림책을 읽고 놀 때는 이야기 전체를 들려주기보다는 읽다가 멈추고, 읽다가 멈춘답니다. 성격 급한 아이들이 "선생님, 빨리 다음 페이지 넘겨 봐요!"라고 할 정도로 천천히 한 장면, 한 장면에 멈춰 오래 음미하지요. 이 책의 매력에 빠져들게요.

 놀이법

준비물 : 색종이 또는 도화지, 펜, 가위

먼저 모양이 다른 말풍선 두 개를 만드세요. 하나는 뾰족 말풍선, 하나는 뽕뽕뽕 말풍선(다른 그림책을 읽을 때도 말풍선 활동을 해 보세요). 그리고 선이 또렷하게 보이도록 오려요. 뾰족 말풍선은 누군가에게 하는 말을, 뽕뽕뽕 말풍선은 혼잣말을 의미하지요. 두 개의 말풍선을 활용해 그림책에 담겨 있지 않은 또 다른 이야기를 만들어 가는 거예요.

표지부터 함께 볼까요? 이 그림책 표지에 있는 발의 주인은 누구일까요? 발 주인이 되어서 말풍선 안을 채워 보아요. 말풍선에 직접 글씨를 써도 좋고, 그냥 말풍선을 표지 속 발 옆에 두고 주인공이 되어 감정을 실은 말을 직접 해도 좋습니다.

그림책을 펼치면 짧은 주인공의 말이 나와요. 첫 장면에 '가끔씩 나는 가만히 서 있어.'라는 말과 함께 멈춰 있는 발이 보입니다. 그러면 말풍선을 놓고 다른 역할이 되어 물어보는 거예요. "왜 가만히 서 있어?"나 "가만히 있으면 답답하지 않니?" 등 질문을 해 봐요. 대답을 해도 좋아요. 아이가 질문하고 답하면 더욱 좋겠지요.

그다음 장면에는 '그래도 걸어가.'라는 말과 함께 어디론가 향하는 발이 보이네요. 그러면 어떤 질문을 할 수 있을까요? 질문에 대한 대답은요? 뾰족 말풍선을 책 위에 올려놓고 물어보고 대답해 보세요. 이어진 장면에는 주인공이 혼자 있는 모습, 누군가와 함께 있는 모습, 안에 있는 모습, 밖으로 나가는 모습이 나오는데 그 장면에서는 뽕뽕뽕 말풍선을 대고 주인공이 마음속으로 하는 혼잣말을 만들어 말해 봅니다.

그림책을 덮고 난 다음에는 엄마나 선생님께 하고 싶은 말을 말풍선에 써도 좋고, 또 책을 읽고 난 나만의 느낌을 뽕뽕뽕 말풍선에 써도 좋답니다. 그림책 속 이야기와는 전혀 무관해도 됩니다. 어딘가로 향하고 있는 저 발의 주인공이 나라면, 친구라면, 동생이라면 무슨 말을 할까요? 빠르게 말할까요, 천천히 말할까요? 크게 말할까요, 속삭이듯 말할까요? 한번 말해 보세요. 떠오르는 어떤 말이든!

> 즐겁게
> 나를 표현하며
> 놀기

《내가 예쁘다고?》 황인찬 지음
이명애 그림 | 봄볕 | 2022

아이들은 자기 자신이 예쁘다고 생각할까요? 자신의 장점이나 단점 중에서 아무거나 말해 보라고 하면 대부분 예쁘고 좋은 면보다는 안 예쁘고 좋지 않은 점을 두 배, 세 배 정도 더 잘 말할 겁니다. 이유는 자기 자랑하는 것에 익숙하지 않아서일 수도 있지만 대부분 자신의 장점보다는 부족하거나 안 좋다고 생각하는 면에 더 신경을 쓰고 있기 때문입니다.

자기 암시처럼 '난 잘 될 거야. 난 멋져. 난 자신 있어. 난 할 수 있어. 난 지금 모습 그대로가 좋아.'라는 마음을 가지면 좋겠지만 '난 어차피 또 안 될 거야. 난 별로야. 내가 할 수 있을까. 난 지금 내가 너무 싫어.'라는 마음을 가진 친구들을 참 많이 봤습니다. 금숲님들은 어떤 자기 암시를 많이 하나요? '난 아이들을 만나면 너무 좋아. 난 어떤 그림책 예술놀이든 잘할 수 있어. 오늘도 난 행복할 거야.'라는 마음을 가지나요? 혹시 '아이들 만나는 게 부담스러워. 함께 노는 게 너무 버겁고 힘들어. 그림책을 봐도 아이디어가 떠오르지 않아. 오늘도 난 힘들겠지.'라는 마음이 들진 않나요? 그런 마음이 잘못된 것은 아닙니다. 어떻게 매일 보람차고 뿌듯하고 행복하겠어요. 힘든 날도 있고, 주저앉고 싶은 날도 있고, 1%의 자존감으로 버티는 날도 있는 거죠. 우리 아이들도 그럴 겁니다. 매일 신나고 즐겁지는 않을 거예요. 어린이든 어른이든 모두 다 즐거운 만큼 힘들고, 넘어지는 만큼 일어나게 되는 거니까요.

　이 그림책을 보며 자신의 예쁜 모습을 표현하는 놀이를 해 보았습니다. 처음에는 민망해하고 쑥스러워했지만, 나중에는 자기도 모르게 미소 짓고 친구들의 말에 살짝 울컥하는 모습도 볼 수 있었지요. 이 놀이를 통해 누군가에게 조건 없이 지지받고 누군가의 응원하는 마음을 느끼는 순간을 경험하길 소망합니다. 묵묵한 위로와 따스한 응원이 오래오래 기억되길 희망합니다.

 놀이법

준비물 : 도화지

　그림책을 읽고 내가 가진 예쁜 것에 관해 이야기합니다. 절대 '여자는 예쁜 것, 남자는 멋진 것을 찾아보자.'라는 식의 성 역할, 고정관념에 갇힌 탐색 제안은 하지 말고 모든 남녀 친구들이 그저 '예쁜 것'에 대해 이야기 나누어 보는 겁니다. 나 자신이 예쁘다고 생각했던 순간, 내가 가지고 있는 예쁜 모습, 내가 기억하는 최고의 예쁨 등 타인이 아닌 나의 예쁜 것들에 대해서요. "우리 엄마는요, 제가 숙제 다 했을 때 예쁘대요!" 하고 타인이 말해 준 자신의 예쁜 순간을 말하는 친구들이 많을 겁니다. 그것도 좋지만 먼저 타인보다 자기 자신이 생각하는 나의 예쁜 순간을 탐색해 보도록 합니다. 발표는 두꺼운 도화지를 말아 만든 종이 확성기를 입에 대고 자신이 생각하는 나의 예쁜 순간을 "난 ~할 때 예뻐. 내가 예쁘다고!"라고 소리치면 됩니다. 자랑하는 억양으로 말하면 더 좋답니다. "난 ~할 때 별로야." 하는 식으로 예쁘지 않은 순간을 발표하는 아이가 있다면 나머지 친구들이 "네가 예쁘다고!"라고 한목소리로 소리쳐 주거나 "대신 ~할 때 네가 예쁘다고!"라고 소리쳐 주면 됩니다.

포인트는 예쁜 순간을 발표하면 모두가 맞장구치듯 예쁘다고 소리쳐 주고, 예쁘지 않은 순간을 발표하면 대신 다른 예쁜 순간을 떠올려 소리쳐 주는 겁니다. 그냥 주저리주저리 말하듯 하는 것이 아니라 크게 소리쳐야 합니다. 그래야 분위기 자체가 말랑해지면서 서로의 예쁜 순간, 나의 예쁜 순간, 혹은 예쁘지 않은 순간들까지 즐겁게 말하고 더 즐겁게 호응할 수 있기 때문입니다. 아이들의 특성이나 분위기상 '예쁜 순간'을 떠올리기 쉽지 않다면 "난 ~ 하면 힘이 나. 나는 힘 난다고!", "난 ~하면 배불러. 난 배부르다고!", "난 ~하면 웃음이 나와. 웃음 난다고!", "난 ~하면 졸려. 난 졸린다고!", "난 ~하면 창피해. 난 창피하다고!" 식으로 변형하여 노세요.

> 즐겁게
> 나를 표현하며
> 놀기

《모자섬에서 생긴 일》
홍미령 지음 | 최서경 그림
쉼어린이 | 2018

　이 그림책을 처음 읽은 날, 저는 무척이나 반갑고 기뻤습니다. 상상력과 표현력을 중심으로 아이들과 만나는 제게 하나의 큰 무기가 생긴 듯 든든했지요. 이 그림책에는 받침이 없습니다. 그리고 장면 당 글자 수가 매우 적습니다. 평균적으로 한 장면에 글자 하나가 등장하지요. 하지만 재미있는 이야기가 읽힙니다. 그림책 속 주인공들의 감정을 알고 싶지 않아도, 공감하고 싶지 않아도 그렇게 됩니다.
　글자가 적어도 읽는 게 재미있습니다. 단, 내가 가지고 있는 다양한 감정 중 알맞은 것 하나를 골라 한 글자에 듬뿍 담아서 읽어야 합니다. 그렇게 글자 하나에 감정을 에너지 있게 담아 읽으면 너도나도 한 번쯤 해 보고 싶은 인기 놀이가 됩니다. 금슬님이 할 것은 단 하나, 타이밍에 맞게 책장을 넘기는 겁니다.

　이 그림책 예술놀이는 유치원부터 초, 중, 고등학생 아이들 모두와 함께 할 수 있습니다. 글자가 너무 적다고요? 고학년에게는 유치하다고요? 다시 말하지만 평범한 그림책이 특별하게 되는 순간은 어떻게 읽느냐에 따라 만들어집니다. 작가나 출판사의 의도와 전혀 다르게 그림책을 읽는 것은 독자의 권리이며, 나이나 학년에 따라 그림책을 수준별로 나누는 것은 어른의 시각일 뿐입니다.

　중, 고등학생과 이 그림책을 읽을 때는 하나의 이야기가 만들어지는 다양한 방법을 언급해 주세요. 이야기는 긴 문장으로, 글자로, 영상으로도 만들어질 수 있지만 그림과 글자가 만나 이렇게 멋진 이야기가 만들어질 수도 있음을 말입니다. 내 안에 있는 즐거운 나의 감정을 이 그림책을 통해 발산해 봅시다.

 놀이법

이 그림책을 소개할 때 저는 웃으며 이렇게 소개합니다. "이 그림책은 불친절한 그림책입니다. 정말 세상 이렇게 불친절할 수가 없어요."라고 말이지요. 이 그림책은 이야기 문장이 한 줄도 써 있지 않습니다. 독자가 그저 그림과 글자 하나를 보며 각자의 이야기를 만들어 가며 그림책을 음미해야만 합니다.

단, 글자 하나에 자신이 생각한 가장 적절하다고 생각한 감정을 실어 읽어야 이야기가 완성됩니다. 금숱님이 집에서 아이와 함께 읽는다면 금숱님은 이야기를, 아이는 그림책에 쓰인 글자 하나에 감정을 실어 읽어 보세요. 혹은 역할을 바꾸어도 됩니다. 금숱님이 많은 아이와 활동을 한다면 아이들이 돌아가며 그림책 장면에 나온 글자에 감정을 담아 읽으면 됩니다. 포인트는 이야기 전개상 알맞은 감정을 글자 하나에 '빡!' 실어 읽어야 한다는 것이죠. 글자 하나만 읽으면 되니 아이들은 부담 없이 참여하고, 즐겁게 이야기를 만들어나갑니다.

참, 이야기를 읽기 전에 표지만 보고 '모자섬'이 어떤 섬일지 충분히 추측하며 이야기 나누는 것도 잊지 마세요!

내 꿈을
상상하며
놀기

《파리의 작은 인어》
루시아노 로사노 지음
박재연 옮김 | 블루밍제이 | 2022

"너는 뭐가 되고 싶니?"라는 질문, 아이에게 한 번쯤 해 본 적 있으시죠? 파리 콩코드 광장의 유명한 분수에 있던 작은 인어의 간절한 소망을 담은 이 그림책은 아이들에게 자연스럽게 질문합니다. "너의 소원은 뭐니?" 하고요. 그런데 자신이 하고자 하는 뭔가를 정확하고 명료하게 알고 있는 아이가 몇이나 될까요? 아이들에게도 꿈, 미래, 진로는 항상 큰 숙제와도 같습니다. 구체적으로 생각하기엔 경험치가 적고, 대충 떠올리기에는 하고 싶은 게 너무 많거나 아예 없기 때문이지요. 소원을 들어주는 분수 앞에서 자기 소원이 뭔지 몰라 머뭇거린 소년 뱅자맹. 그 장면으로 예술놀이를 하며 크고 작은 소원을 떠올려 봐요.

 놀이법

준비물 : 투명 컵 또는 바구니, 나무 블록

그림책 속 뱅자맹이 소원 빌기를 머뭇거리는 사이에 분수 위 인어가 대신 자기의 소원을 빌고 바다를 찾아 나서지요. 이 장면에서 "뱅자맹이 너무 억울할 것 같지 않나요? 우리 모두 뱅자맹이 되어 봅니다. 내가 만일 뱅자맹이라면 어떤 기분일까요? 뱅자맹은 어떤 소원을 빌려고 했을까요?"라고 질문을 던진 뒤 아이들에게 두 개의 말풍선을 채우게 합니다. 하나에는 뱅자맹의 소원을, 또 하나에는 나의 소원을 쓰는 거예요. 아이들은 보통 뱅자맹의 소원보다 자신의 소원을 훨씬 더 자세하고 간절하게 씁니다. 타인의 소원보다 나의 소원이 더 소중하니까요.

소원 발표는 파리의 콩코드 광장에 있는 분수대 앞에 서서 해 봅니다. 물

론 정말 파리로 가는 게 아니라 그곳에 있다고 상상하고 비는 거죠. 이 활동을 할 때 소녀시대의 '소원을 말해봐'나 알라딘 OST로 분위기를 한층 띄워도 좋습니다.

우선 발표하는 친구에게 나무 블록 세 개를 주고 금슬님이 들고 있는 투명 컵이 분수라고 생각하고 던지게 합니다. 혹은 투명 컵을 다른 친구에게 주고 분수대 역할을 맡겨도 됩니다. 이 분수대는 움직일 수 있다고 미리 알려 주세요. 블록을 던져 투명 컵에 넣은 친구는 소원을 빌 수 있습니다. 그림책 속 뱅자맹이 되어 뱅자맹의 소원을 비는 친구도 있고 자기 소원을 비는 친구도 있습니다. 선택은 개인의 몫이지만 소원을 빌 때 꼭 지켜야 할 사항이 있습니다. 바로 진지함과 간절함입니다. 행동과 눈빛, 목소리 모두 정말 진지한 태도로 간절하게 소원을 빌어야 합니다. 그래야 소원이 이뤄지니까요.

📖➕ 플러스 놀이

그림책을 보면 인어가 눈을 감고 노래를 하는 장면이 나옵니다. 동요, 발라드, 댄스, 랩, 성악, 뮤지컬, 힙합, 트로트, 판소리 등 노래에는 다양한 장르가 있지요. 친구들에게 인어가 불렀을 법한 노래의 가사를 써 보도록 하고 가사와 어울리는 음악 장르를 고르고 멜로디 작곡까지 함께 해 보도록 합니다. 작사와 작곡을 마쳤으면 딱풀을 마이크 삼아 자신의 노래를 부르면 됩니다. 멜로디 있는 노래까지 발표하기가 힘들면 자신이 쓴 가사만 읽어도 됩니다.

내 꿈을
상상하며
놀기

《내가 딱이지》 윤진현 지음
봄개울 | 2021

　그림책 속 주인공인 고양이 '보리'는 언제나 당당하고 자신감이 넘칩니다. 사람이 준 밥을 안 먹는다고 잔소리하는 친구에게 화가 나 "치, 내가 일해서 사 먹을 거야!" 하고는 장화를 신고 집을 나오지요. 우리 아이들도 그런 적이 있지 않나요? "내가 돈 벌어서 장난감 살 거야!", "나는 이런 일 하면서 살 거야!" 하고 말하는 순간이요.
　집을 나온 고양이 보리는 새로운 일 앞에서 매번 "내가 딱이지!"를 외치며 자신 있게 시작합니다. 몸이 유연해서 요가 강사를 해 보고, 상자를 좋아해서 상자 포장도 해 보고, 이불에서 뒹구는 걸 즐기니까 이불 장사도 해 보고, 그림 모델, 미용사, 야간 순찰대원까지 다양한 일에 도전하지요. 하지만 처음 자신만만했던 모습과는 다르게 보리는 하는 일마다 인정을 받지 못하고 어느 일에서도 능력을 발휘하지 못합니다.

많은 아이가 이 그림책을 볼 때 자신만만한 모습을 보입니다. "보리는 왜 일을 이렇게 못하는 거지?" 하기도 하고 "나는 이런 일 잘할 수 있어!" 하고 자신 있는 일을 자연스럽게 이야기하기도 하지요. 그러니 아이들과 함께하고 싶은 일도 좋고, 기회가 있으면 한 번쯤 경험해 보고 싶은 일을 탐색하며 놀아 보세요.

 놀이법

준비물 : 다양한 종류의 과자(양파링, 고래밥, 죠리퐁, 빼빼로 등)

아이들에게 다양한 과자로 직업 체험 미션을 주세요. 그림책 속 보리처럼 새로운 일을 경험하게 하는 거죠.

'양파링'을 실로 길게 엮어 문 가리개 만들기(문 가리개 공장 직원), '고래밥' 속 과자들을 종류별로 나누기(수산 시장 가게 사장님), '죠리퐁' 열 개씩 분류하기(동전 세는 은행원), '빼빼로'로 튼튼한 집 구조도 만들기(건축가), '산도'로 높은 탑 쌓기(석공), '새우깡'으로 정자체 이름 쓰기(명찰 제작가), '웨하스'로 튼튼한 벽돌 쌓기(벽돌공) 등 아이들이 좋아하는 과자를 활용해 다양한 작업을 경험하며 직업 탐색과 역할놀이를 함께하는 것입니다.

내 꿈을
상상하며
놀기

《어른이 되면, 나는》
캉탱 그레방 지음 | 엄혜숙 옮김
꿈꾸는달팽이 | 2018

  귀여운 강아지들이 등장하는 이 그림책은 강아지들을 의인화하여 이야기를 전개합니다. 한 마리씩 어른이 되면 하고 싶은 일을 말하는데 그 속에는 자신의 특징과 함께 그와 어울리는 직업이 등장하지요.
  먹는 걸 좋아하는 강아지는 아이스크림 장수가 되고 싶다고 하고, 물건을 잘 찾는 강아지는 형사를 꿈꾸고, 음악을 들을 때 가만히 앉아 있기 힘든 강아지는 무용수가 된다고 합니다. 이렇듯 그림책에 등장하는 강아지들이 자신이 되고 싶은 것을 차례로 이야기하는데 반복적인 패턴이지만 지루하기는커녕 '다음엔 어떤 직업이 등장할까?' 하는 호기심을 불러일으킵니다.

아이의 꿈을 알기 위해 꼬치꼬치 캐묻기보다는 "엄마는 어렸을 때 말이야 커서 ….", "선생님은 어렸을 때 커서 …." 하고 먼저 금슬님의 꿈을 이야기해 주세요. 그리고 "지금은 ○○가 되고 싶어." 하며 현재의 꿈도 이야기해 주세요. 그러다 보면 아이들도 자연스럽게 자신이 하고 싶은 것과 그 이유를 이야기하기 시작할 겁니다.

 놀이법

준비물 : 주변의 다양한 물건

테이블 위에 다양한 물건들을 올려놓습니다. 컵, 보자기, 모자, 열쇠고리, 음료수, 바늘과 실, 양말, 예쁜 비닐봉지, 통장, 사탕, 두루마리 휴지 등 일상생활에서 쓰는 다양한 물건이면 됩니다. 그리고 물건들과 어울리는 직업을 이야기합니다. 예를 들어 컵은 바리스타, 보자기는 슈퍼맨, 모자는 소방관, 열쇠고리는 수리공, 음료수는 카페 주인, 마우스는 게이머, A4용지는 음악가, 연필은 작가 등이요.

이렇게 평범한 일상 물건을 직업과 연계하는 놀이는 예기치 못한 이야기를 만들어 내기도 합니다. 아이가 하는 이야기의 방향을 함께 바라보며 교육적인 메시지를 주려고 하기보다는 자연스러운 공감의 신호를 보내며 함께 시간을 공유하세요. 고개를 끄덕이거나 '아하~ 그렇구나' 등의 적당한 추임새, 눈 맞춤 등을 보이면 아이는 신이 나서 이야기를 이어나갈 거예요.

> 내 꿈을
> 상상하며
> 놀기

《멋진 공룡이 될 거야!》
남윤잎 지음 | 웅진주니어 | 2021

    그림책 속 주인공 공룡의 모습은 무시무시합니다. 반짝반짝 이빨에 뾰족뾰족 발톱과 울룩불룩 근육을 가지고 있지요. 하지만 이 공룡은 초식 공룡들을 도와주고 모두가 평화롭게 사는 모습을 그리며 살아갑니다.

    가장 인상적인 건 그림책 속 공룡이 주변의 말이나 타인의 시선에 개의치 않고 자신이 원하는 길을 향해 뚜벅뚜벅 나아가는 모습이에요. 가장 나다운 모습을 응원하는 이 그림책은 주인공이 진짜 멋진 공룡으로 성장하는 과정을 지켜보는 맛이 가득합니다. 동시에 우리 아이들의 모습이 자연스레 떠오르며 '우리 아이도 이 공룡처럼 멋진 아이로 컸으면 좋겠다'라는 생각이 들게 하지요. 멋진 성장 이야기와 함께 아이의 꿈을 키워 보세요.

 **놀이법**

아이들의 꿈은 다양합니다. 이것도 되고 싶고, 저것도 되고 싶어 해요. 소박한 꿈부터 거창한 꿈, 실현 가능성 0%의 꿈, 당장 실현 가능한 꿈, 너무나 기발한 꿈, 어른의 눈엔 이상한 꿈, 어른인 난 한 번도 떠올려 보지 못한 꿈, 어른인 나도 어렸을 적 한 번쯤 꿈꿔 봤던 꿈까지, 아이들의 꿈은 무궁무진합니다.

놀이를 통해 아이에게 꿈을 자유롭게 표현하는 기회를 만들어 주면 어떨까요? 제목 속 '공룡'을 네모 종이로 가려 보세요. '멋진 □□가 될 거야!'가 되겠지요. 그리고 네모 안을 채우는 겁니다. 아이들은 네모 칸을 뭐라고 채울까요? 금쌤님도 아이와 함께 네모를 채워 보세요. '멋진'이라는 글자 앞에 빈칸을 하나 둬도 좋습니다. '_____ 멋진 □□가 될 거야!'처럼요. '아주 멋진 □□가 될 거야!'나 '세상에서 가장 유명하고 멋진 □□가 될 거야!'나 '하늘만큼 멋진 □□가 될 거야!'도 될 수 있습니다.

'될 거야' 앞에 부정의 뜻인 '안'이라는 글자를 두면 어떨까요? '멋진 □□가 안 될 거야!' 네모 안의 글자가 달라지겠지요. 이렇게 원래의 제목을 마음대로 바꾸고, 스스로 채울 수 있는 네모를 이용해 이리저리 떠올리며 꾸밈말과 꿈, 반대되는 내용까지 만들어 보는 겁니다.

단순히 직업이나 되고 싶은 것의 탐색에만 멈추지 말고 '멋진 오늘이 될 거야'나 '멋진 날씨가 될 거야', '멋진 아들이 될 거야', '멋진 내 방이 될 거야' 등 대상이나 장소, 시간, 기억 등으로 네모를 채워 다짐하는 말을 만들면서도 놀 수 있어요.

내 꿈을
상상하며
놀기

《돼지꿈》
김성미 지음
북극곰 | 2017

    힘든 하루를 보낸 한 아이가 꿈을 꿉니다. 피곤한 아빠, 집안일로 바쁜 엄마, 무서운 선생님, 지친 친구들, 무표정한 동네 사람들 사이에서 한 번도 웃지 않던 아이가 자신의 꿈을 떠올리며 미소를 짓습니다. 아이는 어떤 꿈을 꾸는 걸까요?

    아이는 '돼지꿈', 말 그대로 돼지가 되고 싶다는 꿈을 꿉니다. 마음대로 놀고 싶어서 돼지를 꿈꾸는 아이. 그런데 우리 주변에도 이런 아이들이 참 많아요. 과자를 많이 먹고 싶어서 슈퍼마켓 사장을 꿈꾸고, 게임을 마음대로 하고 싶어서 PC방 아르바이트를 꿈꾸고, 돈을 많이 벌고 싶어 유튜버를 꿈꾸고, 유명해지고 싶어서 아이돌이나 배우를 꿈꾸는 아이들 말입니다. 어떤 이유로든 무언가를 꿈꾸는 것은 참 좋은 일입니다.

 놀이법

꿈을 단순화하는 놀이를 해 봅니다. 과자를 많이 먹고 싶어서 슈퍼마켓 사장이 되는 것을 꿈꾸는 것이 아니라 그냥 '과자 꿈'을 꾸면 됩니다. 게임을 하고 싶다면 '게임 꿈', 돈을 많이 벌고 싶다면 '돈 꿈'… 그림책 속 주인공이 마음대로 놀고 싶어서 돼지를 꿈꿨던 것처럼 말이에요.

종이 가득 되고 싶은 것들을 '꿈'이라는 단어와 함께 단순화시켜 나열하듯 써 봅니다. 그림 그리는 화가를 꿈꾼다면 화가 대신 '그림 꿈', 달리기를 잘하고 싶어 달리기 선수를 꿈꾸는 대신 '달리기 꿈', 맛있는 빵을 만드는 파티시에가 되고 싶다면 '빵 꿈'이라고 씁니다. 그냥 가만히 있고 싶다면 '나무 꿈', 여기저기 여행하고 싶다면 '바람 꿈', 많은 사람을 만나고 싶다면 '버스 꿈' 등 자연물이나 물건이 될 수도 있습니다.

10개 정도 꿈을 적었다면 거기에서 가장 되고 싶은 세 가지를 골라 이야기를 나눕니다. 그 세 가지 중에 정말 정말 되고 싶은 것 한 가지에 동그라미를 한 다음 생각해 보는 거지요. 그것을 이루고 싶은 내가 가장 먼저 해야 할 것이 무엇인지요. 이 놀이는 상상력 자극은 물론 추상적인 활동을 통해 구체적인 꿈을 탐색할 수 있게 한답니다.

놀이를 경험한 후 아이들은 세상을 다른 눈으로 보게 됩니다. 생각을 달리하면 세상의 모든 물건이나 자연물을 꿈꿀 수 있는 대상으로 만날 수 있으니까요.

> 다양한 감정
> 표현하며
> 놀기

《컬러 몬스터 : 감정의 색깔》
아나 예나스 지음 | 김유경 옮김
청어람아이 | 2020

감정을 '정리'할 수 있을까요? 그것도 누군가에게 보여 주기 위한 정리가 아니라 나 자신을 위한 정리요. 감정마다 '색깔'을 입힐 수 있을까요? 예를 들어 '분노는 빨강', '편안함은 초록'이라는 식으로요. 분노가 빨강이라면 무서움은 무슨 색일까요? 슬픔은요? 평온함과 기쁨은요? 불현듯 감정에 따른 색깔이 떠오르실 겁니다.

이 그림책을 읽다 보면 정말 신기하게도 감정이 깔끔하게 정리되고 감정마다 색이 입혀집니다. 추상적이고 복잡하고 복합적인 감정을 명쾌하게 색깔로 나누고 구별할 수 있게 되지요. 정말 신기하죠? 그림책은 이렇게 안 될 것 같은 일을 되게 해 주는 마법 같은 책이랍니다.

 놀이법

준비물 : 색종이 세트(인원수 대로)

① 동그랗게 자리 배치를 한 뒤 여러 색의 색종이를 나눠 주세요. 그리고 지금 날짜와 시간을 알려 주세요. "0000년 00월 00일 0요일, 현재 시각 00시 00분 00초. 자, 지금 내가 가진 감정들을 말… 해 주지 말고 색깔로 보여 줄래?"라고 말한 뒤 다시 한번 강조하세요. 절대 말하면 안 된다고 말입니다. 그리고 "내 지금 감정과 가장 잘 어울리는 감정을 색종이로 보여 주고 그 감정과 어울리는 표정을 지어 주세요." 하고 안내합니다.

② 어떤 친구가 울상을 지으며 갈색 색종이를 들었다면 이제 다른 친구들이 친구의 표정과 색종이 색깔을 보며 어떤 감정인지 맞출 순서입니다. '배고픔, 우울함, 지루함' 등 여러 가지 감정표현이 나올 거예요. 그 친구의 답은 '배고픔'이었습니다.

③ 정답을 공유한 뒤 나머지 친구들도 모두 갈색 색종이를 들게 합니다. 그리고 배고플 때의 감정을 갈색 색종이를 구기거나 찢거나 접거나 하며 만들어 보자고 하는 거예요. 배고플 때는 짜증이 나니 갈색 색종이를 찢는 친구도 있을 것이고, 어떤 친구는 갈색 색종이를 동그랗게 뭉쳐 배고픈 상태를 표현하기도 할 겁니다. '아, 배고플 땐 이런 모습이구나.' 하고 각자의 것을 공유하면 되지요.

④ 감정을 색깔로 보여 주고 형상화하는 놀이는 무척이나 속도감이 있습니다. 배고픈 감정을 탐색했다면 다음 친구가 다른 감정을 표정으로, 색깔로, 모양으로 발표하면 됩니다. 만일 몇 친구의 감정이 겹친다면 "지현이는

행복 색깔이 분홍인데, 초롱이는 행복 색깔이 검정이구나! 자, 그럼 행복 표정은 비슷한지 볼까?" 하며 하나의 감정을 다르게 표현한 것을 공유하면 됩니다. 색종이는 인원수 대로 충분히 준비하여 아이들이 표현할 때 부족하지 않도록 합니다.

⑤ 거의 모든 친구의 감정이 공유되었다면 이제는 감정을 정리할 순서입니다. 기억력 테스트처럼 배고픈 감정은 어떤 색깔이었는지, 행복 색깔은 어떻게 다르게 골랐었는지, 다양한 감정들이 어떤 모양으로 만들어졌었는지를 짧게 이야기 나누는 것이죠. "우리 친구들은 오늘 배고픈 갈색, 행복 검정, 지루한 주황, 막막한 보라를 만들었구나." 하는 식으로 함께 감정과 색을 정리하면 됩니다. 긍정 감정은 물론 부정적 감정도 존중해 주세요. "맞아, 선생님도 짜증 날 때는 머리가 하얘지더라. 짜증은 하얀색, 정말 어울리는 것 같아."라는 말들로요.

도움말

감정 조절은 어른에게도 참 쉽지 않습니다. 이 쉽지 않은 것을 아이들에게 강요할 수 있을까요? 강요할 수는 없지만 조절하도록 도와줄 수는 있을 것 같습니다. 가장 먼저 해야 할 것은 "지금 내 감정이 이렇구나!" 하고 인지하는 것입니다.

저도 '지금, 여기'에 있는 내 감정을 의식하는 것이 쉽지 않습니다. 하지만 그 필요성은 너무나 잘 알고 있기에 우리 아이들과도 그림책을 통해, 예술놀이를 통해 함께 연습해 보려 합니다.

감정에 관한 이야기를 담은 그림책을 읽고 놀이할 때 명심해야 할 것은 바로 우리 금슬님의 감정을 가장 먼저 다듬는 것입니다. 자, 심호흡을 해 볼까요? 일단 코로 숨을 들이쉬세요. 가슴이 아니라 배가 불룩해질 정도로요. 그리고 입으로 조금씩 호흡을 내뱉으며 배 속에 가득한 공기를 새나가도록 해 봅니다. '흐흡~, 휴우~'. 그리고 오늘 아이들과 읽을 그림책을 바라보며 머릿속으로 놀이 순서를 떠올려 봅니다. 즐거워할 아이들의 표정까지요. 나와 함께 그림책으로 놀고 헤어질 때 신나는 표정과 함께 아쉬움을 표현할 아이들의 모습도요. 자, 마음이 한결 편해지고 그림책으로 놀 맛이 좀 나시나요?

> 다양한 감정
> 표현하며
> 놀기

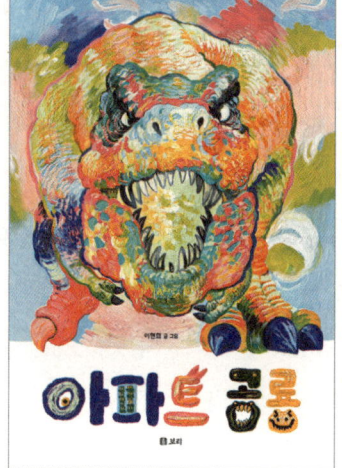

《아파트 공룡》 이현희 지음
보리출판사 | 2020

저마다의 마음에 품고 있는 감정을 뾰족한 이빨, 큰 키, 거대한 몸집을 가진 공룡에 빗대어 담은 이 그림책은 장면마다 가득 공룡이 그려져 있어서 공룡의 생김새에 시선을 뺏기지 않을 수 없습니다.

제게는 사람들이 겪고 있는 거대한 감정의 문제를 대표적인 주거 환경인 아파트라는 공간에 담아 표현했다는 점이 무척 인상 깊었답니다. 누구나 품고 있는 감정 문제와 감정의 크기가 생각보다 거대할 수도 있다는 메시지가 느껴졌습니다.

영재네 집에는 신발이 넘쳐나는데 계속 신발 쇼핑을 하는 '욕심 공룡'이 살고, 미나 삼촌네는 모든 것을 까맣게 만드는 '우울 공룡'이 살고, 빛나 언

니네는 빛나 언니 목소리를 흉내 내는 슬픔과 그리움의 상징 '앵무새 공룡'
이 삽니다. 우리 집에는 어떤 감정의 공룡이 살고 있을까요? 청소하기 싫어
하는 '귀찮음 공룡'이나 자꾸만 잠만 자려고 하는 '잠꾸러기 공룡'이 살고
있진 않나요? 혹은 말 한마디로 힘을 주는 '으랏찻차 공룡'이나 사랑한다
는 말을 수시로 하는 '하트뿅뿅 공룡'이 살고 있을 수도 있겠군요.

 놀이법

교실에서 이 그림책을 아이들과 읽으면서 우리 6학년 6반 '교실 속 감정 공
룡'을, 다음 수업이 체육이나 점심시간이면 '운동장을 지배하는 감정 공룡'
이나 '급식실에 숨어 있는 감정 공룡' 등을 탐색해 봅니다.

놀이를 할 때는 이 그림책 표지처럼 공룡 한 마리를 그려도 좋고, 앞에 나
와 자신이 상상한 감정 공룡의 울음소리나 걸음걸이, 특정 포즈 등을 몸으
로 표현해도 좋습니다. 부정적인 감정 표출을 하는 공룡이 등장한다면 조
련사 역할도 만들어 보세요. 이 감정 공룡을 어떻게 다루면 좋은지 눈으
로 보여 주는 것이죠.

혹은 내 안에 있는 공룡을 탐색해도 좋아요. 내 마음이 아파트라면 층마
다 다양한 공룡이 살고 있겠지요. 층별로 어떤 일이나 어떤 공간이 있는지
설정하고 그곳에서의 나의 마음을 공룡에 빗대어 표현하는 거예요. 맛있
는 걸 먹는 1층에 있을 때는 '조용한 공룡'이 되었다가 숙제를 하는 2층에
서는 '왕짜증 공룡'이, 놀이터가 있는 3층에서는 '용감한 공룡'이 되었다가
치과가 있는 4층에서는 '소심한 공룡'이 되기도 하겠지요.

다양한 감정 표현하며 놀기

《단어를 먹는 아이》
마를레트 수니에르 지음
조르디 수니에르 그림 | 김나현 옮김
도깨비달밤 | 2019

하루에 우리 감정은 몇 번이나 변할까요? 방금까지 좋았는데 갑자기 싫어지거나, 너무 슬프고 속상했는데 또 금방 행복해지는 감정 변화의 순간이 셀 수 없을 겁니다. 감정 변화의 순간은 너무나 빨라서 그때마다 인식하기도 어려워요.

어떤 감정을 느꼈을 때 그 감정을 '먹는다'라고 생각해 보면 어떨까요? 저는 지금 이 글을 쓰면서 '뿌듯함'이라는 감정을 먹고 있습니다. 언젠가 이 글을 읽어 줄 독자님들이 생길 거라 믿으니 '설렘'이라는 감정도 동시에 먹게 되네요. 이렇게 순간순간의 감정을 먹는다고 생각하면 감정 변화나 지금의 감정 상태를 알기가 더 수월할 겁니다.

 놀이법

준비물 : 일회용 은박 접시(인원수 대로), 색종이, 가위

아이들에게 일회용 은박 접시를 하나씩 나누어 줍니다. 그리고 물어보세요. "이 은박 접시를 보니까 어떤 감정이 드나요?" 하고요. 어떤 친구는 궁금한 감정을, 어떤 친구는 황당한 감정을, 어떤 친구는 귀찮은 감정을 말할 겁니다. 아이들에게 '은박 접시를 보고 느낀 지금 감정'을 떠올린 후 색종이를 네모, 세모, 동그라미 등 원하는 도형으로 오리고 거기에 느낀 감정을 잘 보이게 쓰게 합니다.

금숟님은 아이들이 오린 색종이를 보고 이렇게 말해 주세요. "아, 택이는 지금 빨간색 궁금한 감정을 먹었구나.", "건호는 파란색 졸린 감정을 먹었네!" 하고 말입니다. 아이들은 은박 접시에 '지금 드는 감정'을 하나만 담을 수도 있고, 두 개를 담을 수도 있습니다. 모양도, 색깔도 다른 지금 느껴지는 감정들을 수집하듯 접시에 담는 거지요.

감정 놀이는 앞으로 먹을 감정으로 이어집니다. '오늘 하루 먹고 싶은 감정 음식 담기'나 '내가 가장 좋아하는 감정 음식 담기', '절대로 먹기 싫은 감정 음식 담기' 등으로 확장해 나가는 거지요.

놀이 시간에 따라 '5가지 감정 음식만 담기' 혹은 '6가지 감정 음식만 담기' 등의 규칙을 정해 알려 주세요. 모두 감정 음식으로 접시를 채웠다면 가장 먹고 싶은 감정 음식과 가장 먹기 싫은 감정 음식, 가장 많이 가져온 감정 음식, 내 접시에 있지만 먹지 않을 것 같은 감정 음식, 내 접시에는 없지만 친구 접시에 있는 먹고 싶은 감정 음식 등을 발표해 봅니다.

다양한 감정
표현하며
놀기

《싫어요 싫어요》
박정섭 지음 | 킨더랜드 | 2022

아이들이 말로 가장 많이 표현하는 감정 중 하나가 바로 '싫다'입니다. 이걸 하래도 싫다, 저걸 먹으래도 싫다, 가래도 싫다, 맘대로 하라 해도 싫다…. 그림책에 등장하는 마리다 외계인은 하기 싫은 것들을 모두 하지 않아도 되는 마리다 별로 가자는 제안을 합니다. 마리다 외계인처럼 이 감정을 당당하게 말할 수 있는 판을 깔아 주면 어떨까요? 싫은 것을 당당하게 싫다고 용기 내어 말할 수 있게, 속 시원히 소리칠 수 있게, 자신이 싫어하는 것을 마음 놓고 솔직하게 표현할 수 있게 해 주는 겁니다.

그림책을 함께 읽은 후 '싫어요, 싫어, 싫다니까, 싫지롱, 싫습니다, 싫다니까요, 싫거든, 싫다고!' 등 '싫다'라는 형용사의 다양한 표현을 칠판에 씁니

다. 그리고 아이들에게 자신이 '당당하게, 엄청나게 크게, 자신 있게' 싫다고 말하고 싶은 순간이나 말을 떠올리라고 하세요. 발표할 친구는 앞으로 나와 칠판에 써 둔 다양한 '싫다'의 표현 중 하나를 고릅니다. 그리고 친구들 앞에서 자신이 생각한 에피소드나 말을 표현하면 나머지 친구들이 발표한 친구가 선택한 대답을 크게 소리쳐 주는 거예요.

예를 들어 발표하는 친구가 '싫거든'을 선택한 후 "골고루 먹어야지 키 큰다. 자, 브로콜리 먹자."라고 말하면 나머지 아이들이 발표한 친구들을 대신해 "싫거든!"을 크게 외쳐 주는 겁니다. 혹은 금슬님이 대신 에피소드를 말하고 발표하는 친구가 "싫거든!"을 소리쳐도 됩니다. 이 활동은 자신이 싫어하는 것을 당당하게 소리치면서 스트레스를 완화하고 감정을 표현하는 놀이입니다. '싫다'라는 감정만으로 놀아도 끝이 없겠지만 다른 감정 가지고도 놀아야겠죠? '좋아, 너무 좋아, 완전 좋아, 최고로 좋아, 진짜 좋아, 좋아 좋아.' 등 '좋다'라는 형용사의 다양한 표현도 소리치게 해 주세요.

chapter 7

숫자, 한글과 함께 노는 그림책 예술놀이

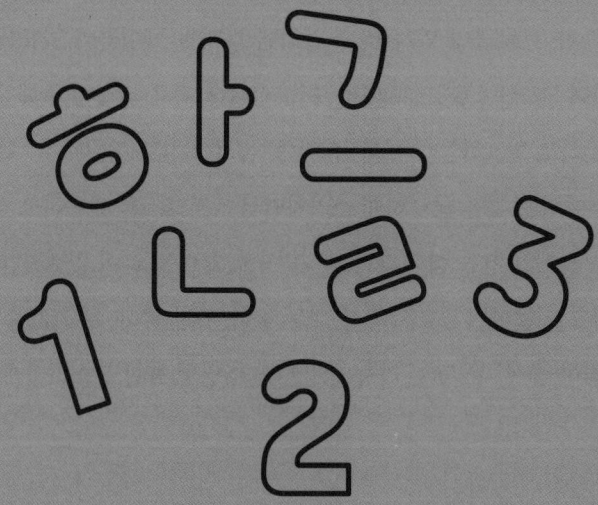

첫째 아들을 키울 때가 생각납니다. 지금 생각해 보니 첫째는 늘 초보 엄마에게 좌충우돌 실험 대상이었던 것 같아요. 아이와의 모든 첫 경험이 소중하고 애틋했지만 불안하고 걱정만 가득했던 시기도 있었으니까요. 가장 힘들었던 때를 꼽으라면 바로 초등학교 입학을 앞두었던 일곱 살 때입니다. 아이는 예비 초등학생으로 불렸고, 저는 예비 학부모로서 압박감에 휩싸였었지요. 한글은 물론 선행학습까지 시작한 또래 아이들을 보며 자기 이름 석 자도 잘 못 쓰고, 수 세기도 서툰 내 아이가 어떻게 내년에 학교에 입학해 그 친구들과 한 교실에서 수업을 받을 수 있을지 막막했습니다.

하지만 둘째에 이어 셋째를 키워 보니 그때 느낀 불안함, 막막함이라는 감정은 무경험과 정보의 부족으로 인한 막연한 감정이었음을 깨달았습니다. 또 불안이라는 감성의 유발이 '내'가 아닌 '타인'으로부터 시작되었다는 사실도 알게 되었지요.

그림책과 함께 예술놀이를 하면 할수록 또 깨달았습니다. 그림책을 읽고 놀았을 뿐인데 보너스로 숫자와 한글이 저절로 익혀진다는 것을요. 한글과 숫자는 반복 학습이 중요하지만 그보다 더 중요한 건 '자연스럽게 습득하고 즐겁게 익히는 경험'입니다. 그 역할을 아주 톡톡히 해 주는 것이 바로 그림책입니다. 그림책 이야기를 따라가며 즐겁게 놀다 보면 자연스럽고 즐겁게 한글과 숫자와 친해지면서 상상력과 표현력이 보너스로 따라오는 놀이를 한번 살펴볼까요.

다양하게
숫자와
놀기 3

《3은 어디로 갔을까?》
델핀 셰드리 지음
보랏빛소어린이 | 2021

　아이들이 가장 좋아하는 놀이 중 하나가 바로 숨바꼭질이지요. 숨은 3을 찾아내는 숨바꼭질을 연상하게 하는 이 그림책은 자연스럽게 수를 세며 그림책 속 그림을 탐색하게 해 줍니다. 그림책을 두 손으로 들고 아이 앞에 가져가면 아이는 분명 손가락으로 그림책 속 그림을 손가락으로 가리키거나 "하나, 둘, 셋, 넷…" 하며 소리 내어 숫자를 셀 거예요. 장면마다의 숫자를 탐색하며 '술래잡기' 놀이를 하면서 숫자와 친해질 수 있고 동시에 '다른 그림 찾기'를 할 수 있는 매력적인 그림책입니다.
　서울 혜화동에 있는 아르코예술극장 앞에는 철제조형물로 이런 문구가 쓰여 있습니다. '예술은 삶을 예술보다 더 흥미롭게 하는 것'. 세상을 다양한 시각으로 보는 연습은 어른은 물론이고 아이들에게도 꼭 필요합니다.

우리 아이들은 더 다양한 시각으로 숫자를 바라볼 수 있었으면 좋겠습니다. 단지 숫자를 반복해서 쓰고 덧셈 뺄셈으로 수를 익히는 것보다 자연스럽게 웃으며 놀다 보면 숫자를 흥미롭게 바라보게 되지 않을까요.

 놀이법

등받이가 있는 단순한 모양의 의자 하나를 준비합니다. 그 의자를 바로 놓지 말고 엎어 둡니다. 평소 보기 힘든 낯선 의자의 모습이겠지요. 자, 이제 의자를 이리저리 살펴보며 숨어 있는 숫자 모양을 찾아볼까요? 숫자 '1'은 네 개의 의자 다리마다 숨어 있네요. 숫자 '2'는 등받이 부분에, 숫자 '3'은 위에서 내려다보니 보이는군요.

의자뿐 아니라 책상, 장난감 로봇이나 자동차, 가방의 패턴, 신발 등 물건 하나를 옆에서, 위에서, 아래에서 바라보면 숨어 있는 숫자를 찾을 수 있습니다. 익숙한 아이 물건이라면 더욱 흥미롭겠지요.

하나의 물건을 통해 숫자를 탐색했다면 이번엔 다양한 탐색으로 즐겁게 숫자를 떠올려 봅니다. 내 물건 중 딱 한 개뿐인 물건은 무엇인가요? 젓가락처럼 두 개씩 짝을 이루어야 의미 있는 물건은요? 삼총사라고 부르면 딱 어울리는 세 가지엔 무엇이 있을까요? 동서남북처럼 네 개가 한꺼번에 언급되거나 함께해야 좋은 것은요? 손가락 다섯 개를 펼치고 가장 좋아하는 음식 다섯 가지만 말해 볼까요? 이렇게 다양한 방법으로 숫자를 떠올리고, 말하고, 찾아보세요.

다양하게
숫자와
놀기 3

《한 마리 여우》
케이트 리드 지음 | 이루리 옮김
북극곰 | 2021

    이 그림책의 표지를 보고 무척 당황스러웠습니다. '한 마리 여우'라는 제목 아래에 '숫자로 만든 스릴러 그림책'이라고 쓰여 있었기 때문이죠. '그림책인데? 그것도 숫자 그림책인데 스릴러라니?' 아무리 생각해도 어떤 이야기인지 감이 오질 않았죠.

    고민하지 않고 표지를 넘겨 이야기를 확인했습니다. 두둥! 이 그림책은 스릴러 그림책이 맞았습니다. 가늘게 눈을 뜨고 먹이를 찾는 배고픈 여우 한 마리와 통통하게 살이 오른 세 마리 암탉 사이의 팽팽한 긴장감과 드라마틱한 장면 장면은 그림책을 보는 이로 하여금 '다음 장면에서 어떻게 될까?' 하는 기대감을 불러오고, 하나씩 늘어가는 숫자와 절묘하게 맞아떨어지는 이야기에 통쾌함마저 느끼게 해 줍니다.

그림책을 장르별로 나누면 크게 픽션 그림책과 논픽션 그림책으로 나눌 수 있지요. 픽션 그림책은 허구로 지어낸 이야기, 작가의 상상력으로 만든 이야기를 뜻하고, 논픽션 그림책은 상상이나 꾸민 이야기가 아닌 사실에 근거해 쓴 이야기를 뜻합니다. 숫자 그림책의 경우 대부분 물건의 개수를 세어 보게 하거나, 덧셈, 뺄셈의 요소를 넣거나, 숫자의 생김새를 변형시키거나 하며 이야기를 이끌어 가는데 이 그림책은 하나하나 늘어가는 숫자와 함께 긴장감 또한 한 겹 한 겹 더해져 픽션 같으면서도 논픽션 같은, 두 장르를 넘나드는 기분이 들게 합니다.

그림책을 읽는데 장르가 무슨 상관이겠어요. 하지만, 이 그림책은 사실과 상상이 혼재되어 흥미로운 긴장감을 불러일으켜 새로운 이야기 전개 방식을 경험하게 합니다. 작은 팁을 드리자면 아이들과 이 책을 읽을 때 긴장감이 맴도는 비장한 배경음악을 곁들여 읽어 보세요. 재미가 두 배, 세 배 커질 겁니다.

 놀이법

준비물 : 색깔 도화지나 큰 전지, 색연필

책상 위에 색깔 도화지나 큰 전지를 준비합니다. 아이들의 분위기나 특성에 맞게 도화지 위에 소소한 주변 물건들을 하나씩 더해가며 즉흥 이야기를 만들어 가거나 큰 전지에 숫자를 써 가며 이야기를 만들면 됩니다. 순서는 돌아가며 해도 되고, 자연스럽게 다음 이야기를 이어 가도 됩니다.

규칙은 단 하나, 함께 약속한 숫자에서는 이야기가 끝나야 한다는 것입니다. 예를 들어 딱풀 하나를 색깔 도화지 위에 등장시키거나 숫자 1을 전지 위에 쓰며 이렇게 말합니다. "어느 날, 딱풀 하나가 여행을 떠났어."라고 말입니다. 그리고 다음 이야기를 이어 나가는 겁니다. "그런데 갑자기 산 위에서 돌멩이 두 개가 굴러떨어지기 시작했지."라고 말하며 다음 사람이 지우개 두 개를 등장시키며 말을 해도 되고 숫자 2를 쓰며 말하면 됩니다.

이 놀이는 자연스럽게 주변 물건을 변형시키는 변형 놀이가 됨과 동시에 다음 순서인 숫자를 연상하며 이어질 이야기를 상상하는 상상 놀이가 됩니다. 허무맹랑한 이야기일수록 재미있고, 이야기 전개가 엉뚱할수록 순발력이 커집니다.

도움말

여럿이 함께 놀 때는 간단한 규칙을 공유하세요. 예를 들어 순서를 정한 후에 이야기를 이어간다면 자기 순서에서 생각이 안 나는 친구는 두 번까지 패스해도 된다는 규칙을 정하여 공유하는 거예요. 순서를 정하지 않고 하고 싶은 사람이 이야기를 이끌어간다면 이야기를 만들 때 소외되는 친구가 없도록 모든 친구가 적어도 두 번은 이야기 만들기에 참여해야 한다는 규칙을 정하여 공유하면 좋습니다.

> 다양하게
> 숫자와
> 놀기 3

《사랑은 123》 밤코 지음
바둑이하우스 | 2018

    엄마 금술님들은 아실 겁니다. 우리 아이들이 얼마나 엉뚱한 질문으로 부모를 당황하게 만드는지요. 그런 질문 중 하나는 바로 이런 것입니다. "엄마가 먼저 아빠 좋아했어?", "아빠는 엄마랑 왜 결혼했어?", "엄마가 아빠를 더 좋아해, 아빠가 엄마를 더 좋아해?", "아빠는 엄마 어디가 예뻤어?", "엄마는 아빠를 얼마나 좋아했어?" 등의 질문이요.

    아이들은 은근히 부모의 첫 만남, 연애와 결혼 이야기를 궁금해해요. 하지만 엄마와 아빠의 첫 만남이나 둘만의 역사 이야기는 단답형으로 대답하기 쉽지 않고, 때론 엄마 아빠의 기억이 서로 달라 당황스러울 때도 있습니다. 그 사랑의 이야기를 그림책을 읽으며 좀 더 드라마틱하게 이야기해 주세요. 약간의 과장과 생략은 필수입니다. 모든 기억은 개인차가 있고, 모든 이야기는 현실과 약간씩 다르기 마련이니까요.

 놀이법

이 책의 작가님은 사랑은 '123'이라고 했지만, 저는 사랑이 '999'인 것 같습니다. 999가지 싫은 점이 있어도 강력하게 좋은 한 가지가 있다면 사랑이 이루어질 수 있을 것 같거든요. 마법처럼 999가지 안 좋은 점은 희미하게 보이고, 딱 하나 있는 좋은 점이 매우 크고 강하게 느껴지면 사랑이 이루어지는 거지요. 또 사랑은 숫자 '0' 같기도 합니다. 한 드라마에서 남자주인공이 부메랑을 던지며 이런 대사를 외쳤잖아요. "사랑은 돌아오는 거야!" 다시 돌아오고, 돌아오고 하는 사랑은 그래서 숫자 '0' 같습니다. 아이들은 사랑을 숫자로 표현하라고 하면 뭐라고 할까요? 행복은 어떤 숫자로 정의할 수 있을까요? 건강은요? 미움은요? 친구는요? 숫자 하나로 표현해도 좋고, 두 자릿수, 세 자리, 네다섯 자릿수도 좋습니다. 확실한 이유만 있으면요.

자신이 사랑이라고 생각하는 숫자를 말로 발표하기 전에 먼저 손가락이나 온몸을 사용해 자신이 생각한 숫자를 만들어 보여 줍니다. "사랑은!"이라고 외치고 자신이 생각한 숫자를 몸으로 표현하는 거죠. 지켜보던 이가 숫자를 맞춘 후에는 왜 그 숫자라고 생각하는지 생각을 들어 보면 됩니다. 몸 표현이 어색하거나 부담스러운 친구는 물건으로 숫자를 표현해도 좋고 입 모양으로만 보여 줘도 좋습니다. 사랑에서 '행복, 건강, 미움, 짜증, 하루,

마음, 친구' 등으로 다양하게 확장하며 숫자와 연계해 생각해 보고 이야기할 수 있도록 해 주세요.

도움말

뭔가를 정의할 때 말이나 글로 표현하기는 쉽지만 숫자로 먼저 생각해 보는 건 쉽지 않은 일일 것입니다. 나이가 어리면 숫자판이나 숫자 카드를 활용할 수도 있고, 종이에 숫자 쓰기, 달력에 있는 숫자에 낙서하며 말하기 등의 방법으로 변형해도 됩니다. 여기서 중요한 것은 뭔가를 정의하는 데 있어서 숫자와 연계해 생각해 보고 그것을 다양한 방법으로 표현하는 데 있습니다.

다양하게 숫자와 놀기 3

《천해 개의 별, 단 하나의 나》
세스 피시만 지음 | 이저벨 그린버그 그림
최순희 옮김 | 다섯수레 | 2020

어린 시절, 세상에서 가장 큰 수는 무엇인지 궁금했던 적이 있었습니다. 그래서 아빠에게 여쭤봤더니 아빠는 그 어떤 설명도 없이 네 글자만 말씀해 주시더라고요. "무량대수." 무량대수라니, 숫자치고는 너무나 어려운 말이었습니다. 그래서 저는 다시 질문했죠. "그럼 무량대수 다음엔 또 뭐야?" 하고요. 그 질문에 대한 아빠의 대답은 기억이 잘 안 납니다. 기억이 잘 안 나는 이유는 그 대답 또한 이해가 잘 안 갔기 때문일 겁니다.

엉뚱한 질문을 자주 하는 막내아들이 열 살 되던 해, 제게도 비슷한 질문을 한 적이 있습니다. "엄마, 세상에서 가장 큰 숫자는 뭐야?" 하고요. 한참을 고민하다 이 그림책을 내밀며 말해 주었습니다. "무량대수라는 숫자야. 1 뒤에 0을 68개나 붙여야 하는 큰 수야. 세기도 너무 힘들어." 아들은 제 대답을 이해했을까요? 역시나 아니었습니다. 질문은 꼬리에 꼬리를 물었죠. "0이 아무리 많아도 셀 수 있잖아. 세면 되지, 왜 못 센다고 해?"

이 그림책을 읽고 놀면 한 번도 상상해 본 적 없는 큰 수의 세계로 들어가게 됩니다. 큰 수에 대한 호기심을 키워 주고 즐겁게 상상하게 하지요. 숫자와 놀아 보세요. 어른도 몰랐던 큰 수의 세계가 새롭게 느껴지실 겁니다.

 놀이법

이 그림책은 내용도 재미있지만 무엇보다 글 작가와 그림 작가 소개가 눈길을 사로잡았습니다. 글 작가인 세스 피시만은 자신을 이렇게 소개했습니다. '163초 동안 숨을 참을 수 있고, 하루에 15,000번쯤 눈을 깜빡거려요. 청소년 도서를 두 권 펴내기도 했지요.'라고 말입니다. 그림 작가 이저벨 그린버그는 '일 년에 붓을 57개쯤 쓰고, 하루에 차를 네다섯 산 마시면서 여섯 시간씩 그림을 그려요. 그래픽 노블을 두 권 펴냈고, 다섯 권의 어린이 책에 그림을 그렸지요.'라고 자신을 소개합니다.

우리가 자신을 소개할 때 숫자가 들어가는 경우는 생년월일이나 나이, 혹은 학년 등을 말할 때일 겁니다. 내가 숨을 몇 초 동안 참을 수 있는지, 숨을 몇 번이나 쉬는지, 눈을 몇 번쯤 깜빡이는지 말하는 경우는 거의 없을 거예요. 그러니 아이와 함께 '나'와 관련된 큰 숫자를 탐색하며 '나'를 소개해 봅시다. 다양한 숫자가 많이 들어가면 들어갈수록 좋은 소개를 하는 겁니다. 어제 화장실에 몇 번 갔는지, 사탕을 한 번에 몇 개까지 먹어봤는지,

유치원이나 학교까지 몇 발자국 걸리는지, 머리카락은 대충 몇 개인지, 발 끝부터 머리끝까지 몇 뼘이나 되는지, 밥 먹을 때 물을 몇 번 먹는지, 친구와 놀 때 눈을 몇 번이나 마주치는지, 내가 소중하게 아끼는 물건은 몇 개인지 등 평소에 생각해 보지 않았던 '나'와 관련된 숫자를 탐색해 보세요. 그리고 그중 가장 큰 수를 차지하는 것을 몇 개 골라 소개해 봅니다. 종이에 숫자를 써서 읽으며 소개해도 좋고, 그 수와 관련된 물건들을 함께 보여 주며 소개해도 됩니다. 포인트는 나와 관련된 숫자들을 직접 탐색하고 표현해 보는 것에 있답니다.

도움말

일, 십, 백, 천, 만, 억, 조, 경⋯. 어른인 우리에게도 큰 수를 세는 단위는 정말 쉽지 않지요. 억 이상의 큰 수를 세어보는 경험이나 기회가 흔하지도 않고요. 우리 한 번 아무거나 큰 수를 세어 볼까요? 정확하지 않아도 돼요. 예를 들어 세상에는 몇 개의 다양한 이름이 존재할까요? 한번 대충, 마음대로 만들어 보아요. 3조 5천 6만 3천 2백 4십 5개 정도 되지 않을까요? 너무 많다고요? 그럼 1조 2만 8천 9백 2십 2개 정도는 어때요? 이렇게 큰 수의 단위를 무작위로, 마음대로 만들어 읽어 보는 겁니다. 틀려도 괜찮아요. 큰 단위 수를 마음대로 만들어 읽어 보는 게 목적이니까요.

또 다른 그림책들

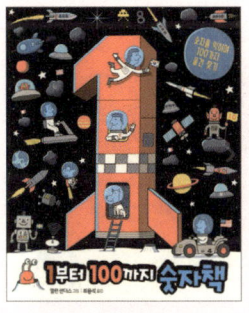

1부터 100까지 숫자책

어맨다 우드, 마이크 졸리 지음 | 앨런 샌더스 그림 | 최용석 옮김 | 풀과바람 | 2020

이 그림책은 숨은그림찾기 같습니다. 책장을 펼치는 순간 숫자와 물건을 신나게 찾게 해 주거든요. 그런데 단순히 숨어 있는 그림을 찾는 게 아닙니다. 장면마다 무엇을 몇 개씩 찾아야 하는지 미션이 있지요. 1이면 하나씩 있는 것, 2면 둘씩 있는 것, 9면 9짝-9벌-9개-9장이 있는 걸 찾아야 한답니다. 그림책을 읽고 우리 집에 숨어 있는 숫자를 찾아보세요. 우리 집에 딱 하나 있는 건 뭘까요? 둘씩 있는 건요? 3총사는 없을까요? 다리가 8개인 건 없을까요? 좋아하는 양말 9짝과 먹고 싶은 간식을 1위부터 10위까지 순서대로 찾아봐도 좋답니다.

모든 것은 상대적이야

줄리아 수이 지음 | 몰리 왈시 그림 | 위문숙 옮김 | 주니어김영사 | 2019

아이들은 무엇을 작다고 할까요? 또 무엇을 크다고 할까요? 길가에 떨어진 나뭇잎을 보면 분명 작다고 할 겁니다. 놀이터 나무를 보면 크다고 하겠지요. 하지만 나뭇잎은 모래알보다 크고, 놀이터 나무는 기차보다 작지요. 크기, 속도, 무게, 방향, 거리…. 모든 것은 어디에서 어떻게 보느냐에 따라 달라집니다. 이 그림책은 아인슈타인의 상대성 이론을 아이들의 눈높이에 맞게 알려 줍니다. 무엇이 크고 작은지, 무엇이 움직이고 멈춰 있는지, 무엇이 빠르고 느린 건지 세상 가득한 상대성 이론을 경험해 봅니다.

독특하게
한글과
놀기

《우리 엄마 ㄱㄴㄷ》
전포롱 지음 | 파란자전거 | 2016

'ㄱㄴㄷ'이나 '가나다', '자음 모음'이라는 말이 그림책 제목에 들어가면 대부분 '한글을 가르치는 데 도움이 되는 그림책이구나', 혹은 '한글을 즐겁게 익힐 수 있겠구나' 하고 생각하실 겁니다.

하지만 한글과 관련된 이야기를 담았다고 해서 꼭 글자 익히기 활동 중심으로만 놀아야 하는 것은 아닙니다. 게다가 이 그림책은 유치원생은 물론 초등학생부터 고등학생까지 읽고 놀 수 있습니다.

예술놀이 전문가인 제게 이 그림책은 한글 관련 그림책임과 동시에 '역할 탐색' 그림책으로 다가옵니다. 특정 인물과 관련하여 제시된 자음으로 시작하는 단어를 떠올리다 보면 나도 모르게 해당 인물의 특징, 행동, 말투, 모습이 떠오르기 때문입니다. 이 그림책을 읽고 자음과 연계되는 단어 탐색은 물론 엄마나 가족, 친구 등 인물 탐색, 장소 및 특정일 탐색, 그리고 자아 탐색까지 할 수 있는 재밌는 놀이 방법을 소개합니다.

 놀이법

준비물 : A4용지, 색연필(사인펜)

나랑 비슷하게 느껴지기도 하고 또 가끔은 나와 전혀 다르다고 생각되는 우리 엄마는 어떤 엄마일까요? 그림책을 한 장 한 장 넘기며 다음에 보이는 자음으로 시작하는 엄마와 관련된 단어를 유추해 봅니다. 끝까지 그림책을 다 읽은 후에는 엄마의 짝꿍이자 단짝인 '우리 아빠 ㄱㄴㄷ'도 만들어 봅니다. 제목에 있는 'ㄱㄴㄷ'처럼 세 가지 정도만 말하면 됩니다.
꼭 'ㄱㄴㄷ'이 아니어도 됩니다. '우리 아빠 ㅅㅋㅎ'도 되고 '우리 아빠 ㄲㄹㅍ'도 됩니다. 아빠 말고 또 누구를 할 수 있을까요? 맞습니다. '우리 할머니 ㄱㄴㄷ', '우리 삼촌 ㄱㄴㄷ', '내 친구 ㄱㄴㄷ'의 그림책 이야기도 만들 수 있겠지요.

A4용지를 세로로 4등분으로 접어 맨 위 칸에는 제목을, 나머지 3칸에는 자음 하나와 그 자음으로 시작되는 단어를 쓰거나 그립니다. 그리고 앞에 나와 읽어도 되고 혹은 맨 위 제목만 보여 주고 나머지 칸에 쓴 자음을 몸으로 표현하고 맞추게 할 수도 있습니다. 예를 들어 제목이 '우리 할머니 ㄷㅇㅎ(된장찌개/운동/허리)'라고 한다면 앞으로 나와 제목만 보여준 뒤 자신이 쓴 'ㄷ(된장찌개)'을 말이 아닌 몸으로 설명하는 겁니다.

📖 플러스 놀이

자음과 함께 타인을 즐겁게 탐색한 후 이제 '나 탐색'도 해 보면 어떨까요? 제목에 자신의 이름이 들어가는 겁니다. 아이들이 표현하는 것을 보면 자신이 꿈꾸는 일이나 갖고 싶은 물건, 최근 관심사, 좋아하는 것들을 자음과 함께 잘 표현합니다. 어린이날이나 어버이날처럼 특정일이 다가오면 이 그림책을 읽고 해당 일과 관련한 ㄱㄴㄷ을 탐색하면 됩니다. '어버이날 ㅅㅇㅎ'이나 '여름방학 ㄹㅁㅂ', '졸업식 ㄸㅅㅊ'처럼 어떤 날이든, 어떤 자음이든 다 된답니다.

독특하게
한글과
놀기

《응가 말놀이》
주니어RHK편집팀 지음
김일경 그림 | 주니어RHK | 2016

    한 유치원 선생님들을 대상으로 연수를 준비할 때 일입니다. 어떤 그림책으로 어떤 예술놀이를 할 수 있는지 저의 노하우를 전하고 선생님들과 직접 놀이하며 그림책 예술놀이의 효과와 재미를 즐기는 연수였지요. 그림책 목록을 사전에 전달하자 해당 유치원 친구들은 배변 훈련을 모두 마친 상태라며 이 그림책은 안 읽어도 될 것 같다는 연락이 왔습니다.

    맞습니다. 이 그림책 작가님은 분명 말 배우는 아이들에게 기본 낱말을 알려 주고, 배변 훈련이 필요한 아이에게는 즐거운 배변 습관을 알려 주기 위해 이 그림책을 만드셨을 것입니다. 작가님의 의도대로 아이들은 이 그림책을 보며 낱말을 익히고 자연스럽게 배변 습관을 익힐 수 있을 것입니

Chapter 7 숫자, 한글과 함께 노는 그림책 예술놀이   243

다. 하지만 금숟님들, 우리는 작가님의 의도에 따라서만 활동해서는 안 됩니다. 이 배변 훈련 관련 그림책 이야기로 색다른 놀이를 발굴해 내고 즐거운 활동으로 이어지도록 연구해야 합니다.

저에게 이 그림책의 목적은 두 가지입니다. 첫 번째는 말놀이를 통한 낱말 익히기와 자연스러운 배변 습관을 기르는 것이고, 두 번째는 팡팡 튀는 연상 활동과 어디로 뻗어 나갈지 모르는 상상 활동을 즐겁게 하는 것입니다.

 놀이법

준비물 : 길게 오려 말아놓은 전지, 사인펜, 고무줄

금숟님들이 같은 대상을 6차시에 걸쳐 만난다면 첫 만남인 1차시에 이 놀이를 하는 것이 좋습니다. 준비물은 두루마리 휴지처럼 전지를 적당 간격으로 길게 오려 말아놓은 두루마리 전지, 네임펜, 고무줄입니다.

"원숭이 엉덩이는 빨개, 빨가면 사과, 사과는 맛있어, 맛있으면 바나나…" 익숙한 노래로 시작하는 이 그림책의 다음 장면을 열기 전에 다음 장면에 있을 것 같은 낱말을 떠올려 발표하도록 합니다. 꼬리에 꼬리를 무는 말놀이에 아이들이 뭔가를 연상하고 상상하게 될 것입니다.

저는 그림책을 함께 읽다가 '황금옹가는 빛나'에서 멈춰 '빛나' 하면 떠오르는 것을 두루마리 전지에 쓰고, 화살표를 그린 뒤 그다음에 올 수 있는 단어를 연이어 쓰도록 합니다. 화살표를 평균 5개 정도 그려 연상하고 또 연상하는 것이죠(예 : 빛나 → 빛나면 전등 → 전등은 높아 → 높으면 사다리 →

사다리는 튼튼해 → 튼튼하면 건강 / 빛나 → 빛나면 대머리 → 대머리는 시원해 → 시원하면 콜라 → 콜라는 검은색).

대부분의 아이는 화살표 5개에 만족하지 않고 더 써도 되냐고 묻습니다. 글씨가 서툰 친구라면 그림으로 표현해도 됩니다. 6차시 동안 활동을 시작하는 마음 열기로 이 놀이를 루틴처럼 하다 보면 아이들의 두루마리 전지는 금세 채워질 것입니다.

마지막 6차시에 바닥과 벽에 아이들이 써 놓은 것들을 길게 펼쳐 붙입니다. 바닥과 벽에 붙여 놓으면 아이들은 자신의 것보다 친구의 것을 따라가 봅니다. 그리고 '나와 다른 것을 찾았네!'를 깨닫게 되지요. 틀림이 아닌 다름을 이해하는 활동이 되는 것입니다.

도움말

엄마나 아빠와 함께할 수도 있습니다. 전지를 바닥에 깔아 놓고 서로 왔다 갔다 말을 주고받으며 화살표를 달팽이처럼 그리며 쓰면 됩니다. 글자를 익히지 못한 아동이라면 그림으로 표현해도 되겠지요. 공간상 큰 전지를 펼칠 수 없다면 전지를 반으로 접거나 A4용지를 활용하셔도 됩니다.

> 독특하게
> 한글과
> 놀기

《바다로 간 곰》 양미주 지음
파란자전거 | 2017

    금숙님의 아이들도 이런 적이 있나요? 'ㄱ'과 'ㄴ'을 바꿔 쓴다거나, 'ㄷ'을 90도로 틀어 'ㄇ'으로 쓴다거나 아예 거울을 마주하고 보듯 뒤집힌 모양으로 쓰는 실수요. 아이들은 글자를 글자로 보지 않고 그림으로 보는지도 모르겠습니다. 한글과 관련한 이런 귀여운 실수로 인해 이 그림책이 만들어지지 않았을까, 혼자 생각해 보기도 했습니다.

    이 그림책은 글자를 거꾸로 돌리거나 옆으로 돌려 보는 등의 새로운 시각으로 만들어졌습니다. 아이들은 물론 어른인 우리에게도 이 그림책은 한글의 변화무쌍한 변신과 함께 한글을 넘어 세상을 바라보는 새롭고 신선한 시각을 선물해 주지요. 이야기를 따라가다 보면 발상의 전환, 남다른 상상력의 중요성 또한 깨닫게 됩니다.

바다로 가서 자유롭게 헤엄치는 바다 생물이 되기를 꿈꾸는 글자 '곰'은 마음이 맞는 친구 '오'를 만나 바다로 향합니다. 벌써 어떤 이야기가 펼쳐질지 궁금하시죠? '곰'과 '오'가 어떤 모습으로 변신할지 마음 가득 기대하며 그림책을 펼쳐 보세요. 나도 모르게 '우와!' 하는 탄성이 절로 나올 겁니다.

 놀이법

준비물 : 두꺼운 종이, 사인펜

이 놀이는 모음 자음 한글 자석 교구보다는 바닥에 놓고 휙휙 돌릴 수 있는 두꺼운 종이로 하는 것이 좋습니다. 자석은 떼고 다시 붙이는 과정이 종이보다 부드럽지가 않거든요.

우선 아이가 자신의 이름을 크게 쓰도록 합니다. 그런 다음 아이의 글씨체를 최대한 살려 자음과 모음을 각각 나누어 오립니다. 아이 이름이 '이지현'이라면 'ㅇ, ㅣ, ㅈ, ㅣ, ㅎ, ㅕ, ㄴ' 이렇게 모음과 자음을 따로따로 오리는 겁니다. A4용지나 색종이같이 얇은 종이보다는 택배 상자나 골판지 같은 두꺼운 종이가 좋습니다. 함께하는 아이가 자기 이름 속 모음 자음을 색칠하거나 꾸미길 원하면 사인펜이나 색연필 등을 활용해 꾸며도 좋습니다.

자음과 모음이 준비되었다면 이름 속 모음과 자음을 180도로 돌리고, 90도 옆으로 눕히고, 뒤집고, 비스듬히 돌려 보는 등 다양한 시각으로 보며 새로운 단어를 만들어 냅니다.

제 이름 속 모음과 자음을 이리저리 돌리고 뒤집어 보니 '기증'이라는 단어와 '형', '욕', '요기', '휴지'라는 단어가 만들어지네요. 아이들 역시 자기 이름으로 다양한 단어를 만들어 낼 겁니다.

플러스 놀이

아이들이 자신의 이름 속 모음과 자음으로 새롭게 조합해 만든 새로운 단어를 무언극 기법을 활용해 몸으로 표현하도록 합니다. '기증'이라는 단어를 표현할 때 누군가에게 선물하듯이 표현을 하면 지켜보는 친구들이 맞추는 겁니다. 친구들은 몸 표현만을 보면서 정답을 맞힐 수도 있고 '이지현'이라는 친구의 이름 속 모음과 자음을 나름 탐색하며 보너스와 같은 몸 표현을 통해 정답을 맞힐 수도 있습니다.

단어가 아닌 짧은 문장을 만들어도 좋습니다. 함께하는 친구들이나 가족들 이름을 모두 오리고 모음과 자음을 마구 뒤섞은 뒤에 "우린 모두 최고야."라는 문장을 만들거나 "많이 사랑해요."라는 문장을 완성하는 거죠. 각자의 이름 글자들을 한데 모아 섞고 탐색하며 새로운 단어, 멋진 메시지를 만드는 활동은 협동심은 물론 보이지 않는 연대감과 소속감을 높이는 데 매우 좋답니다.

독특하게
한글과
놀기

《움직이는 ㄱㄴㄷ》
이수지 지음
길벗어린이 | 2006

이 그림책을 검색하면 이런 소개가 나옵니다. '2022 안데르센 상 일러스트레이터 부문 수상 작가의 도서'. 그림책 찐 팬으로서 무척 뿌듯하고 자랑스럽습니다. K-pop으로 세계에 우리나라 문화가 알려지는 것처럼 우리나라 창작 그림책 또한 저변이 확대하는 것 같아서요.

이 그림책의 주인공은 단연코 자음입니다. 자음의 생김새가 낱말의 개념대로 바뀌며 전혀 새로운 방식으로 글자 개념을 보여 주지요. 상상력을 자극하는 이 그림책을 보다가 저는 한 장면에 멈춰 주르륵 눈물을 흘렸습니다. 강렬한 색감과 여백의 미가 살아 있는 이 그림책은 저의 어떤 마음을 어떻게 건드렸을까요? 지금도 아이들과 책장을 넘길 때마다 울컥했던 그 장면이 나오면 저도 모르게 마음 한편에서 특유의 감정이 조용하게 파도친답니다. 여러분의 마음은 이 그림책 어느 장면에서 움직일지 궁금합니다.

 놀이법

준비물 : A4용지, 사인펜

그림책 속 ㄱ 장면과 ㄴ 장면을 아이들과 공유합니다. 그리고 다음에 오는 ㄷ이 어떤 동사, 어떤 그림으로 표현되어 있을지 각자 상상하여 표현하도록 합니다. 그런 다음 A4용지를 반으로 접고 그림책과 똑같이 왼쪽에는 자음과 그 자음으로 시작하는 동사를, 오른쪽에는 그 자음이 동사를 직접 표현하는 그림을 간단하게 그리도록 합니다.

여기서 중요한 것은 동사를 표현하는 그림을 그릴 때 사람이나 동물, 특정 캐릭터가 드러나는 그림이 아니라 자음인 'ㄷ'이 해당 동사의 동작을 하는 그림이어야 한다는 점입니다. 만일 왼쪽에 'ㄷ / 달리다'를 쓰고 오른쪽에 그림을 그린다면 ㄷ이 달리고 있는 그림을 그려야 합니다.

어려울 것 같다고요? 아이들은 '달리다'라는 동사를 다양한 그림으로 표현하는데 어려움이 없습니다. 발이 생긴 ㄷ이 달리기도 하고, 발 대신 바퀴가 있는 신발을 신은 ㄷ이 달리기도 하고, 자전거나 킥보드, 자동차를 타고 달리는 ㄷ을 그리기도 합니다. '달리다'라는 동사를 아이들이 그림으로 표현했다면 그림을 서로에게 보여 주며 '달리는 ㄷ'을 얼마나 다양하게 표현했는지 공유하는 시간을 가지세요.

발표 방식은 한 친구가 앞으로 나와 자신이 그린 'ㄷ' 그림을 직접 몸으로 표현하거나 힌트가 될 수 있는 대사나 의태어, 의성어 등을 발표하여 나머지 친구들이 어떤 동사인지를 맞추게 하면 됩니다.

 도움말

다른 장면에서 동사를 그리고 발표해도 됩니다. 중요한 것은 '동사'라는 개념을 자연스럽게 깨우치면서 '달리자, 달리네, 달리고 있구나, 달려보자, 달려라'라는 다양한 표현의 기본이 '달리다'임을 놀이를 통해 익히는 것입니다. 하나의 자음을 보고 다양한 동사를 찾아낼 수 있고, 하나의 동사를 보고 다양한 모습으로 표현할 수 있음을 알게 되지요. 무엇보다 중요한 것은 타인의 생각을 존중하고 나의 생각 또한 존중받는 경험을 하는 것입니다. 아이들의 움직이는 표현을 모두 기쁘게 환영해 주세요.

> 독특하게
> 한글과
> 놀기

《고양이는 다 된다 ㄱㄴㄷ》
천미진 지음 | 이정희 그림
발견(키즈엠) | 2019

유연한 고양이의 움직임을 통해 한글 자음의 아름다움을 느낄 수 있는 이 그림책은 섬세하고 고운 한국화 기법으로 그려져 마치 하나의 미술 작품처럼 다가옵니다. 고양이의 사랑스럽고 부드러운 움직임은 보는 이로 하여금 "너도 이렇게 움직일 수 있니?"라는 질문을 던지는 듯하지요.

그런데 아이들과 이 그림책을 읽다 보면 그 질문이 현실이 됩니다. "그림책 속 고양이처럼 우리도 움직여 볼까?" 하고 제안을 하지 않아도 아이들이 눈으로 그림책 장면을 볼 때마다 자신이 마치 그림책 속 말랑말랑 고양이가 된 듯 몸을 꼬기 시작하기 때문입니다.

 **놀이법**

고양이는 유연합니다. 날쌔지만 급하지 않고, 도도하면서 우아하지요. 아이들은 그런 고양이의 특징을 너무나 잘 알고 있어요. 아이들에게 이 그림책을 펼쳐 보여 주면 분명 아이들은 그림책 속 고양이가 취하고 있는 동작을 똑같이 따라 할 겁니다. 금숟님이 "그림책 속 고양이처럼~"이라는 말을 굳이 안 해도 되지요. 자연스럽게 아이들이 움직인다면 잠시 지켜보세요. 그리고 아이들이 스스로 움직이다 표현을 멈췄다면 화제를 전환해 보세요. "고양이만 다 될까? 우리 학용품은 안될까?" 하고요. 책상 속 학용품들을 꺼내 '학용품은 다 된다'로 탐색해 보는 겁니다. 색연필도 다 되네요. 두 개가 만나면 ㄱ도 되고 ㄴ도 되지만 또 색연필 심이 나오는 부분을 보면 ㅇ도 되니까요.

네모 지우개는 ㅁ만 될까요? 네모 지우개 두 개를 더 모으면 ㅂ도 됩니다. 가위는 무엇이 될까요? 테이프는요? 이렇게 하나의 사물을 온전히 활용해 요리조리 살피며 자음을, 혹은 모음을 발견해 봅니다. 똑같은 사물도 개수를 늘리거나 방향을 돌리면 자음과 모음을 만들 수 있습니다.

'점퍼는 다 된다'도 재미있습니다. 겉옷을 요리조리 살펴보다 보면 또 다 되거든요. 단춧구멍은 ㅇ이 되고, 목 부분은 ㅈ이 되고, 주머니 부분은 ㅂ이 되고, 소매 부분은 ㅌ이 되기도 합니다. '교실은 다 된다'는 어때요? 교실 안에 있는 다양한 사물들을 온전히 탐색하며 그 자체에서 ㄱㄴㄷ을, 모음을, 알파벳을 찾는 겁니다. 뭐든지 다 될 수 있습니다. 뭐든 새롭게 보려는 시각과 남다른 발견의 기쁨을 느낀다면요.

| 독특하게 |
| 한글과 |
| 놀기 |

《모모모모모》
밤코 지음
향출판사 | 2022

언제 읽어도 놀라운 감동이 느껴지는 이 그림책에는 문장이 딱 한 번 나옵니다. 받침 없는 글자 몇 개와 그림이 만나 너무나 간결하고 명료하게 모내기의 과정을 보여 주지요. 의성어도, 의태어도 아닌 그저 한두 글자의 반복 같은데 글자와 그림을 보고 있노라면 머릿속에 하나의 문장이 떠오르니 마술도 이런 마술이 없습니다. 한글의 고유성과 표현력에 감사한 마음이 들게 한답니다.

이 그림책은 속도감 있게 읽기보다는 한 장면에 머무르며 충분히 탐색한 후에 다음 장면에 나올 것 같은 그림과 글자를 아이들과 떠올려 보기를 권합니다. 아이들의 남다른 표현에 우리도 많은 것을 배우게 될 것입니다.

 놀이법

준비물 : A4용지, 검은색 색연필

A4용지를 길게 네 칸으로 접은 후 그림책 이야기를 공유하기 시작합니다. 한 장면에서 금술님이 멈추고 "다음 장면에는 어떤 글자가 반복될까?" 하고 물어보세요. 그리고 그 글자를 첫 번째 칸에 채웁니다.

이렇게 몇 번을 반복하다 보면 아이들은 이야기를 글자 몇 개로 축약하는 데 익숙해지게 됩니다. "드디어 벼를 뽑습니다." 같은 내용이 있을 것 같다면 다섯 글자로 '뽀뿝뽀뿝뽀'라고 축약해 표현하는 것이죠. 비슷한 내용을 '슉슉슉슉슉'이라고 쓴 친구도 있고, '뽑아뽑아요'라고 쓴 친구도 있어요. 이제 손을 들고 자신이 쓴 글자에 감정을 넣어 발표합니다. 그저 자신이 쓴 대여섯 글자를 크게 소리치며 발표하면 됩니다. 읽기만 해도 어떤 내용일지 예상이 가니 듣는 친구들도 재미있답니다.

플러스 놀이

그림책 뒤표지에 있는 열여섯 글자의 표어를 보고 나만의 표어를 직접 만들어 특유의 억양으로 발표해도 재미있습니다. 학교에서 점심시간 직전에 이 그림책으로 놀게 된다면 뒤표지에 있는 농부 아저씨의 속마음 대사를 아이들과 만들어 보세요. 급식시간에 밥알을 남기는 친구들을 보며 농부 아저씨는 어떤 혼잣말을 할지 말입니다.

또 다른 그림책들

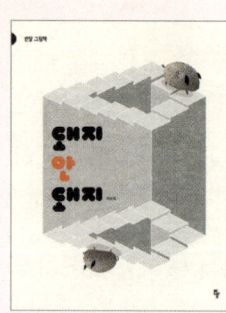

돼지 안 돼지

이순옥 지음 | 반달 | 2016

위와 아래, 많음과 적음, 앞과 뒤, 있음과 없음, 큼과 작음, 느림과 빠름, 높음과 낮음. 단순 비교 혹은 극과 극을 보여 주는 말을 엮은 이 그림책은 똑바로 펼쳐서만 보면 재미가 떨어집니다. 90도로 돌려 보고, 반대로 들고 보고, 아래로 또 위로 펼쳐 가며 봐야 풍성한 이야기를 만날 수 있지요.
제목부터 수수께끼를 연상하게 하지만 그림책 내용은 더욱 그렇답니다. 센스 넘치는 그림과 질문에 질문이 꼬리를 무는 이야기가 만나 '상대성'을 쉽고 깊게 알려 줍니다. 아이들과 이리저리 그림책을 돌리며 읽어 보세요. 그렇게 함께 읽다 보면 마치 이상한 나라의 앨리스가 된 것처럼 머릿속에 물음표가 가득하게 될 거예요.

도시 가나다

윤정미 지음 | 향출판사 | 2022

바쁜 도시를 다채로운 색감과 함께 수수께끼로, 숨은그림찾기로, 말놀이로 담아냈습니다. 그림책 한 장면에 이 세 가지가 모두 담겨 있지요. 저는 '숨은 글자 찾기' 같은 말놀이에 초점을 맞췄습니다. '●로등이 잠들면 도시가 기지개를 켜요'의 ● 안에는 어떤 말이 들어가면 좋을까요? '●무는 목을 쭉 내밀어요'에서 ●은요? 이렇듯 도시는 숨은 글자가 가득한 매력적인 곳으로 다가옵니다. 놀이를 변형하여 '1, 2, 3'이나 'A, B, C'로 시작하는 이야기, 내 이름 세 글자로 시작하는 이야기나 내 이름 속 초성으로 시작하는 이야기를 만들어도 재미있지요.

또 다른 그림책들

고릴라와 너구리

이루리 지음 | 유자 그림 | 북극곰 | 2022

이 그림책을 보면서 마치 귀여운 연인이 주인공인 드라마 한 편을 보는 것만 같았습니다. ㄱㄴㄷ 순서대로 고릴라와 너구리가 만나 사랑을 꽃피우는 이야기가 펼쳐지는데 둘의 관계가 어떻게 될지 궁금하기도 하고, 너무 귀여워서 웃음이 나기도 합니다. 그림책 세상은 유머 코드와 함께 로맨틱 코드까지 가진 신기한 세상임을 다시 한번 깨닫게 해 줄 것입니다.

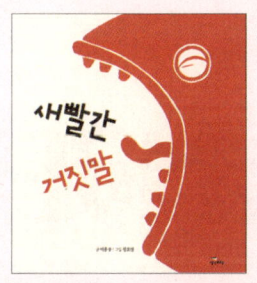

새빨간 거짓말

이홍우 지음 | 정효정 그림 | 생각비행 | 2020

세상에 거짓말을 안 해 본 사람이 있을까요? 거짓말을 안 해 봤다는 말 자체가 거짓말일 겁니다. 이 그림책에는 새빨간 거짓말이 가득 담겨 있습니다. 하지만 자칫 집중력을 잃으면 거짓말이 아닌 참말로 읽게 될 수도 있으니 정신을 바짝 차리고 읽어야 합니다. 책 내용 모두가 거짓말이지만 기분이 나빠지지는 않을 겁니다. 너무나 자연스럽고 또 엉뚱해서 웃음이 더 나올 거에요. 금술님은 '옛날 옛적에 물 하나 없는 개울에 물고기 한 마리가 퐁당! 빠졌대'라는 이야기를 뻔뻔하게 읽기만 하면 됩니다. 뻔뻔하고 자연스럽게 읽을수록 아이들은 기발한 거짓말들에 깜빡 속지 않기 위해 귀를 쫑긋해서 그림책 이야기에 귀를 기울이게 될 겁니다. 그림책을 다 읽고 아이들에게 새빨간 거짓말을 할 기회를 선물해 주세요. 표정과 목소리를 뻔뻔하게 말하면 말할수록, 자연스럽게 말하면 말할수록 좋습니다.

chapter 8

진한 재미, 긴 여운! 초간단 그림책 예술놀이

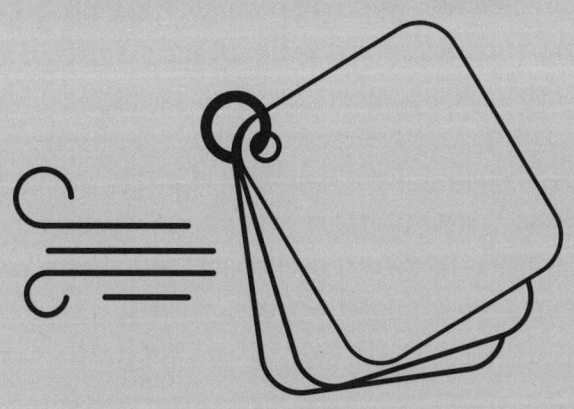

그림책 예술놀이에서 빼놓을 수 없는 놀이 활동 중 하나는 바로 그림책 한 권 만들기입니다. 스크랩북, 미니북, 아코디언북 등 다양한 형식으로 그림책을 만들 수 있지요. 완성된 결과물을 만드는 활동을 할 때 가장 주의해야 할 것은 결과물에 집착하지 않는 것입니다. 결과물에 욕심내어 보여 주기식 결과물 만들기 활동이 되지 않아야 합니다. 그림책으로 놀 때는 과정이 우선입니다. 그래서 부담스럽지 않고 즐겁게, 능동적으로 표현하는 것에 중점을 두고 그림책 만들기 활동을 해 보려고 합니다.

그림책을 읽고 나만의 그림책 만들기 활동을 할 때 가장 고민되는 것이 바로 재료일 것입니다. 제가 그림책 만들기 놀이를 할 때 자주 활용하는 준비물 중 하나는 인터넷으로 살 수 있는 '스크랩북'입니다. 페이지는 5p와 10p 중에서 고를 수 있으며 모양은 하얀 정사각형입니다. 가격도 저렴하고 네임펜은 물론 색연필로도 글과 그림이 잘 그려지지요. 저는 5p를 선호하는데 표지 빼고 네 페이지만 채우면 한 권의 그림책을 완성할 수 있어 부담이 없기 때문입니다. 금숟님이 만나는 대상의 특징과 나이, 분위기, 놀이 내용, 그림책의 특징에 따라 5p든 10p든 알맞은 페이지의 스크랩북을 선택하면 됩니다.

'아코디언 북'을 만들고 싶을 때는 두꺼운 도화지를 활용합니다. 알맞은 크기로 자르고 이어 붙여 부채 접듯이 접어 사용하지요. 정말 부담 없이, 손쉽게, 만만하고 자유롭게 그림책 만들기를 하고 싶을 땐 색종이를 활용합니다. 색종이 두 장을 정사각형 네 칸으로 나누어 자른 뒤 스테이플러로 한 변만 콕콕 집어줍니다. 그 안에 그림과 이야기를 채우면 초미니 그림책이 완성됩니다. 손 코팅 필름도 빼놓을 수 없는 좋은 그림책 만들기 준비물입니다.

제가 한 권의 그림책을 완성하며 놀기에 좋은 그림책으로 소개하지 않은 그림책들도 충분히 한 권의 그림책을 만들며 놀 수 있는 거리가 있습니다. 그림책 한 권 만들며 놀기에 좋은 그림책은 따로 정해져 있지 않거든요. 앞서 제가 '그림책 속 지식과 함께 놀기'에서 소개한 그림책 《뭐라고 불러야 해?》를 읽고 일상 속에서 장소에 따라, 마주한 대상에 따라 나는 어떤 호칭으로 불리고 있는지를 담은 《지현이는 뭐라고 불리고 있어?》라는 그림책을 만들 수 있습니다. 또한 '독특하게 한글과 놀기'에서 소개한 그림책 《우리 엄마 ㄱㄴㄷ》, 《움직이는 ㄱㄴㄷ》, 《고릴라와 너구리》를 읽고 그림책 내용마다 나만의 이야기를 대입해 자신의 장점이나 자랑거리를 담은 《이지현 ㄱㄴㄷ》이라는 제목의 그림책을 만들 수도 있고, 움직이는 동사 이야기가 아닌 가만히 있고 싶은 《멈춰 있는 ㄱㄴㄷ》 이야기를 만들 수도, 간질간질 사랑 이야기가 아닌 우정 이야기를 담은 《이지현과 친구 김천일》이라는 제목으로 그림책 한 권을 만들며 놀 수도 있습니다. 이 책에 담긴 모든 그림책을 가지고 '나만의 그림책'을 만들 수 있는 거지요!

어떤 그림책을 읽고 어떤 재료로 어떤 그림책을 만들든 중요한 것은 바로 이겁니다. '나만의 이야기를 담는 기쁨'을 느끼고 '내 손으로 한 권의 그림책을 탄생시키는 뿌듯함'을 누리며 '하나의 그림책을 읽고 만들었지만 각각의 다양한 이야기가 만들어지는 순간의 재미'를 공유하는 것. 초간단 그림책 만들기 활동을 하며 금슬님도 많은 그림책 작가들의 첫 작품에 놀라게 되실 겁니다. 첫 작품 탄생의 순간을 함께 즐겨 보세요.

참, 잊지 말아야 할 점이 있습니다. 그림책 한 권을 완성하고 나서 꼭 표지에 글, 그림 작가 이름과 출판사를 쓰고 뒤표지에 바코드와 가격까지 써넣어야 비로소 완성된다는 겁니다. 종종 꼼꼼하게 추천사를 쓰는 친구도 있답니다.

뚝딱! 초간단 그림책 만들며 놀기

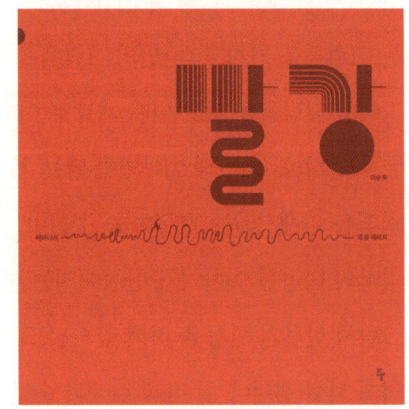

《빨강》 이순옥 지음
반달 | 2017

　표지도 빨강, 글자도 빨강인 이 그림책은 세상 곳곳에 존재하는 빨강을 모아 놓은 것 같습니다. 빨간 느낌, 빨간 맛, 빨간 위험, 빨간 달콤함, 빨간 개성, 빨간 감정 등 태어나서 죽을 때까지 만날 수 있는 빨강이 모두 소개된 듯하지요. '아, 맞다. 이것도 빨간색이었지!' 하고 깨달음을 주기도 하는 매력적인 그림책이랍니다. 이 그림책을 다 읽고 주변을 둘러보면 곳곳에 있는 빨강이 눈에 들어올 겁니다.
　저는 이 그림책이 세상을 바라보는 새로운 시각을 선물한다고 생각해요. 일상에 스며들어 있어서 빨간색인 줄도 몰랐던 것들을 새롭게 바라보게 하거든요.

 **놀이법**

준비물 : 색종이, 스테이플러, 사인펜(색연필)

아이들과 그림책을 읽고 책장을 덮은 뒤 기억력 테스트하듯이 질문을 해 봅니다. "이 그림책에 나왔던 빨강 세 가지를 연속해서 말해 볼 사람?" 방금까지 읽은 그림책 속 빨강이 머릿속을 획획 지나가겠지요. 아이들의 대답을 들은 후에는 또 다른 질문을 던져요. "분명 빨강인데 이 그림책에 담겨 있지 않은 빨강은?" 하고요. 은근히 많은 답이 나온답니다.

질문과 대답 활동을 한 후에는 친구들에게 노란색 색종이 한 장을 꺼내게 한 후 우리도 그림책을 만들어 보자고 제안하지요. "자, 우리는《노랑》이라는 그림책을 만들 거야.《노랑》그림책을 만들 때 들어갈 수 있는 세상의 모든 노랑을 이 색종이에 한번 써 보자. 7가지 이상을 써 봐."

노란색 색종이에 노란색을 대표하는 동물, 식물, 음식, 물건, 꽃, 과일, 표지판 등 7개 이상 쓰면 됩니다. 누구나 들으면 "맞아, 그게 노란색이지!"라고 할 수 있을 정도로 대표성을 띠는 노란 것들을요. 동물 중에는 병아리, 꽃 중에는 개나리, 과일 중에는 바나나, 물건 중에는 딱풀 뚜껑, 음식 중에는 카레 등을 쓸 겁니다.

모두 다 쓴 후에는 빙고 게임을 하듯 한 사람씩 쓴 것 중 하나씩만을 발표합니다. "우리는 모두 10명이야. 지현이가 생각할 때 10명 모두, 한 사람도 빠짐없이 썼을 것 같은 노랑은 뭐가 있을까? 지현이가 말한 노랑을 10명 모두 썼다면 지현이만 동그라미!" 또 반대로 "우리는 모두 10명이야. 지현이가 생각할 때 나 혼자만 썼을 것 같은 노랑을 말해 볼까? 지현이 혼자만 썼다면 지현이만 동그라미!"처럼 활동해도 좋습니다.

동그라미를 치는 친구는 동그라미를 칠 수 있어서 뿌듯하고, 동그라미를 치지 못하는 친구는 '그것도 노랑이구나!' 하며 발견의 재미를 느껴 뿌듯해합니다. 성공 여부와 관계없이 세상에 있는 노랑들을 발견하면서 깨우치는 순간들을 즐겁게 공유하게 됩니다.

📖 플러스 놀이

노랑 탐색 놀이를 한 후에 그림책 만들기 활동을 이어갑니다. 이 활동을 할 때 저는 앞서 소개한 미니 색종이 북을 활용합니다.

"얘들아, 우리 다른 색깔도 탐색해 볼까? 미니 색종이 북을 골라서 거기에 그리거나 글자를 써서 그림책을 완성해 보자. 한 가지 색깔 미니북만 만들어도 좋고, 초록, 파랑, 주황 마음에 드는 색종이 북을 다 골라도 좋아!"

미니 색종이 북의 가장 큰 특징은 크기가 작아서 그림책으로 만들기에 부담이 적고 만만하다는 점입니다. 아이들이 쉽고 편하게 접근하여 즐겁게 그림책 한 권을 뚝딱 완성하지요. "선생님, 저 여기 있는 모든 색깔 다 만들어도 돼요?"라는 질문을 받게 된다면 오늘 놀이 성공입니다!

> 뚝딱! 초간단
> 그림책 만들며
> 놀기

《기차 여행》
이숙현 지음 | 토마쓰리 그림
다림 | 2022

아이들에게 기차를 타고 가는 여행은 선망의 대상입니다. 십 대인 제 세 아들도 종종 "엄마, 우린 언제 기차 타 볼 수 있어?" 하고 묻습니다. 아직 한 번도 기차를 타 보지 못했거든요. 기차의 가장 큰 특징은 객차가 나뉘어 있다는 점이지요. 기차 특유의 흔들림과 소리도 매력적이고요.

《기차 여행》은 기차를 타고 가던 두 아이가 재미있는 상상 여행을 떠납니다. '만일 기차 안이 아이스크림 가게라면? 기차 안이 수영장이라면?' 상상이 꼬리에 꼬리를 물고 이어지지요. 바로 이 점에 착안해 그림책 만들기를 해 보겠습니다.

 **놀이법**

준비물 : 아코디언 북(도화지)

기차 여행 이야기에 딱 맞는 준비물, 아코디언 북을 준비합니다. 두꺼운 도화지를 직사각형 모양으로 잘라 적당히 이어 붙인 후 부채 접듯이 앞뒤로 접어 긴 기차를 연상하도록 만듭니다.

아코디언 북을 만들 때 콘셉트를 여러 가지로 할 수 있습니다. 우선《기차여행》이라는 제목에서 '기차'를 변형시켜 그림책을 만들 수 있어요. 예를 들어 '학교 여행'이라고 해서 교실마다 상상력을 발휘해 다양한 풍경을 만들 수 있지요. 3학년 1반 교실은 침대가 가득한 교실, 3학년 2반 교실은 트램펄린이 가득한 교실, 3학년 3반 교실은 모래가 가득해 모래 놀이를 할 수 있는 교실 등으로요. '엘리베이터 여행'은 어떨까요? 1층 문이 열리면 수영장, 2층 문이 열리면 중국집, 3층 문이 열리면 키즈카페, 4층 문이 열리면 PC방처럼 엘리베이터를 타고 내가 원하는 공간으로 여행하는 겁니다. 이렇게 엘리베이터 여행책을 만들 때는 아코디언 북을 가로가 아닌 세로로 만들면 더 좋겠지요.

플러스 놀이

이번엔《기차 여행》이라는 제목에서 '여행'을 변형시켜 볼까요? '기차 아빠'는 어때요. 1호 칸에 가면 요리해 주는 아빠가 있고, 2호 칸에 가면 다양한 방법으로 놀아 주는 아빠가 있고, 3호 칸에 가면 숙제를 대신 해 주는 아빠가 있는 겁니다.

'세계 여행'은 어떨까요? 1호 칸엔 제주도 여행, 2호 칸엔 미국 여행, 3호 칸엔 바다 여행을 쓰는 거예요. '꿈 여행'도 좋지요. 1호 칸에 가면 가수가 될 수 있고, 2호 칸에 가면 유튜버가 될 수 있고, 3호 칸에 가면 게이머가 될 수 있는 겁니다.

아코디언 북을 통한 그림책 만들기는 모양과 방향을 마음대로 정할 수 있다는 장점이 있습니다. 긴 뱀처럼 만들어도 좋고, 세로로 길게 만들어도 좋고, 정사각형, 동그라미, 세모 등 자신이 원하는 대로 만들 수 있습니다. 포인트는 아코디언 북 콘셉트에 맞게 페이지를 넘기는 것이 아니라 나중에 펴 보면 아코디언처럼 쭈욱 펼쳐서 한눈에 볼 수 있다는 것입니다. 또한, 앞면과 뒷면을 모두 활용할 수도 있답니다.

| 뚝딱! 초간단 그림책 만들며 놀기 |

《그림 없는 책》
B. J. 노박 지음 | 김영진 옮김
시공주니어 | 2016

제목부터가 신기하지요? 그림이 없는데 그림책이라니요. 네, 분명히 이 그림책에는 단 한 장면도 그림이 그려져 있지 않습니다. 글자만 담겨 있어요. 그런데 어떻게 그림책이라고 불리는 걸까요? 그림책만 펼쳐도 아이들이 말을 합니다. 읽고 들으며 웃음이 나고 발음하면서 또 웃음이 납니다. 이 책은 제가 연극예술 수업을 할 때도 자주 사용하는 그림책 중 하나인데 사람들이 알아들을 수 없는 몸짓과 표정을 섞어서 말하는 '지블리쉬' 활동으로 이어서 수업을 한답니다. 이 그림책을 읽고 어떤 그림책을 만들 수 있을까요? 바로 말도 안 되는 말이 가득한 그림책을 만드는 겁니다. 뜻이 없는 말이 가득한 그림책을 만드는 거지요.

 놀이법

준비물 : 스크랩북, 사인펜(색연필)

5p짜리 스크랩북과 사인펜 혹은 색연필로 그림책을 만듭니다. 말도 안 되는 말만 가득 담긴 그림책을요. 말이 안 되는 두 글자만 있는 페이지가 있어도 되고, 말이 안 되는 말이 가득한 페이지를 만들어도 됩니다. 말이 안 되는 그림을 그려도 되지요. 말이 되는, 그러니까 뜻이 있는 말이나 이치에 맞는 그림은 절대 안 됩니다. 마치 외계어가 쓰여 있는 그림책처럼, 마치 한 살짜리 꼬마가 그린 그림이 가득한 그림책처럼, 분명 글자가 있는데 뜻을 모르겠고, 분명 그림이 있는데 무엇을 그린 그림인지 모르겠는 것들로 페이지를 채우면 됩니다. 제목은 제일 나중에 정하기로 해요.《그림 없는 책》이라는 제목처럼 제목 또한 말이 안 돼야 하니까요!

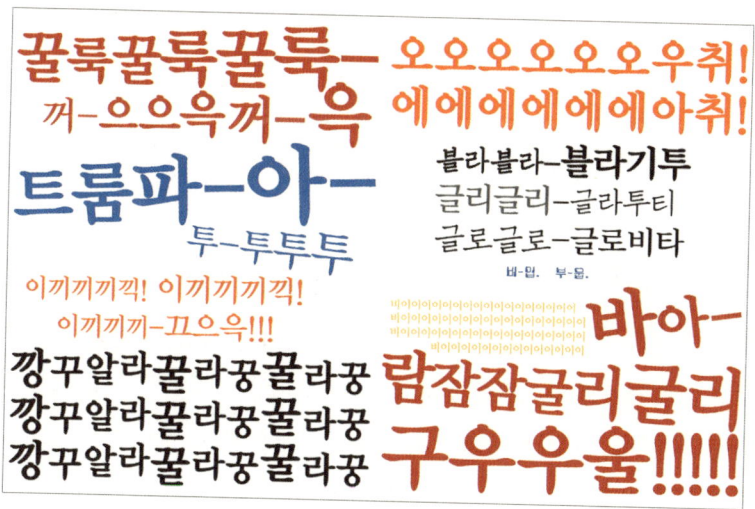

> 뚝딱! 초간단
> 그림책 만들며
> 놀기

《우주지옥》 소윤경 지음
글로연 | 2022

'마침내 지옥의 문이 열립니다. 문턱을 넘어서자 살아있는 동안 짊어졌던 모든 짐들은 사라져 버리고 오로지 죄의 무게만이 남습니다. 되돌아 나가는 길은 없습니다. 지옥이 시작됩니다.'

시작부터 무시무시한 이 그림책은 누구도 경험한 적 없는 지옥을 세밀하고 구체적으로 묘사한 그림과 자극적인 문장으로 이루어져 있습니다. 시간을 낭비한 자는 쇳물지옥에, 사람을 차별한 자는 가면지옥에, 동물을 괴롭히거나 함부로 죽인 자는 고기지옥에 빠지지요. 살벌한 지옥 풍경이지만 눈을 떼기가 힘들 정도로 흥미롭습니다.

아이들은 이 그림책을 보면서 어떤 생각을 할까요? '나쁜 일을 하지 말아야겠다'라는 깨우침이 오기 전에 '와, 이런 지옥이 진짜 있다면 끔찍하겠는데?'라는 탄성이 먼저 나올 겁니다.

　이 그림책은 21세기를 사는 우리 아이들에게 21세기 지옥의 버전을 소개하는 것 같습니다. 개인적으로 제가 가장 흥미로웠던 지옥은 바로 '악플 지옥'입니다. 인터넷 세상에서 얼굴을 가린 채 타인을 비하하고 비방하고 모독하는 사람들이 꼭 이 그림책을 읽었으면 좋겠습니다.

 놀이법

준비물 : 아코디언 북(도화지), 스티커

의외로 아이들은 지옥, 그리고 천국이라는 소재를 꽤 좋아합니다. 이 그림책은 주로 초등학교 고학년이나 중·고등학생 아이들과 함께 읽고 노는데 반응이 꽤 뜨겁습니다.

개인마다 생각하는 천국과 지옥이 다를 겁니다. 아코디언 북을 준비해서 앞부분엔 '나의 천국'을, 뒷부분엔 '나의 지옥'을 담아 보게 합니다. 지극히 개인적인 생각과 상상으로 만들면 되지요.

누군가에게는 스마트폰 없이 보내는 1년이 최고의 지옥 형벌일 수도 있고, 또 누군가에게는 스마트폰 없이 보내는 1년이라는 시간이 천국 선물일 수도 있으니까요. 아코디언 북은 5장 정도가 알맞습니다. 앞뒤로 하면 지옥 5페이지, 천국 5페이지 총 10페이지가 만들어지거든요. 더 원할 때는 종이를 덧붙이면 되지요.

또 나의 천국과 나의 지옥에서 주제를 더 확장해도 됩니다. 내가 신이라면,

내가 조물주라면, 살아있는 동안 많은 죄를 지은 인간에게 어떤 우주 천국과 우주 지옥을 맛보게 해 줄까요? 신이 생각하는 천국의 종류와 지옥의 종류를 만들어 보는 겁니다.

여기에서 중요한 것은 장면마다 표현하는 천국과 지옥에 각각 명료한 이름을 붙여야 한다는 겁니다. 예를 들어 하루하루가 행복한 '행복 천국', 하고 싶은 것만 할 수 있는 '내 맘 천국', 보고픈 싶은 사람을 언제나 만날 수 있는 '만나 천국'과 매일 눈을 떠도 컴컴한 '블랙 지옥', 가도 가도 나가는 문을 찾을 수 없는 '미로 지옥', 먹어도 먹어도 배고픈 '빈속 지옥'처럼요. 모든 것은 상상이지요. 하지만 상상만 해도 웃음이 지어지고 혹은 상상만 해도 자신을 돌아보게 되기에 아이들은 꽤 재미있고 의미 있는 그림책을 완성하게 됩니다.

플러스 놀이

아코디언 북을 다 만든 후에는 전시 시간을 가지고 다른 친구들이 만든 천국과 지옥을 충분하게 탐색하도록 합니다. 그리고 스티커를 두 개씩 나눠 준 후 자신의 그림책을 제외한 친구들 그림책 중에서 정말 가고 싶은 천국과 정말 가기 싫은 지옥에 각각 스티커를 붙여 보게 하세요. 이 활동은 경쟁을 부추기거나 순위, 평가 등을 하려는 목적이 아닙니다. 그저 친구들과 모두 다 함께 우리가 정말 원하는 천국과 우리가 가장 많이 꺼리는 지옥을 알아보고 공감하는 활동이랍니다.

뚝딱! 초간단 그림책 만들며 놀기

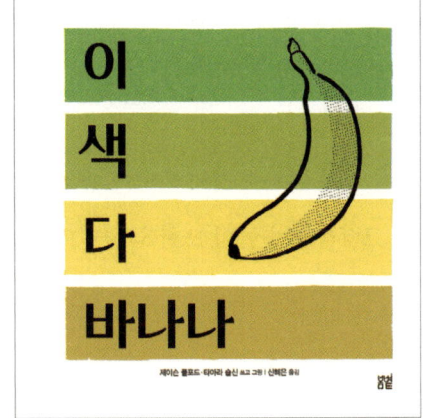

《이 색 다 바나나》
제이슨 풀포드 지음 | 타마라 숍신 그림
신혜은 옮김 | 봄볕 | 2022

사과는 빨간색, 구름은 하얀색, 풀은 초록색, 바나나는 노란색, 흙은 황토색. 제가 나열한 것에서 혹시 잘못된 점을 발견하셨나요? 네, 모두 다 잘못되었습니다. 사과는 빨간 사과만 있는 게 아니니까요. 구름도, 풀도, 바나나도, 흙까지도 단 하나의 색깔만 존재한다고 하기 어렵습니다.

조금만 더 생각해 보면 사과에도 많은 색깔이 존재하지요. 아오리 사과는 초록색이고, 덜 익은 사과는 연두색이고, 많이 익은 사과는 빨간색이지만 바닥에 떨어져 썩은 사과는 갈색 혹은 검은색일 겁니다.

고정관념 속에서 단 하나의 대표되는 색깔로만 존재하는 것들이 세상에는 참 많습니다. 우리는 그것을 당연하게 받아들이지요. 이 그림책은 바로 그런 틀을 벗어나게 해 줍니다. 첫 번째로 등장하는 사과부터 신선하지요. '사과가 항상 빨간 건 아니야'라고 말해 주거든요. 왼쪽에는 사과가, 오른쪽에는 사과의 다양한 색이 한눈에 보입니다. 표현들이 얼마나 신선하고 통쾌한지요. 마치 "지금 네가 보고 있는 게 전부가 아니야!"라고 소리치는 것만 같습니다.

이 책의 마지막 장면에 있는 한 칸의 깨우침처럼 우리 아이들이 경험하는 그림책 예술놀이 또한 금숲님으로 인해 다양성이 자연스럽게 존중받고, 다름이 즐겁게 인정받기를 진심으로 바랍니다.

 놀이법

준비물 : 손 코팅지, 매직

저는 이 그림책을 A4용지 크기의 손 코팅지를 넉넉하게 준비한 후 날씨 좋은 날 운동장이나 놀이터, 마당에 나가 아이들과 읽습니다. 아이들이 어리면 손 코팅지 위에 그림책 속 색깔들 모음처럼 선을 그어 칸을 만들어 나눠 주고, 스스로 일정 간격을 두고 선을 그을 수 있는 나이라면 굵은 매직으로 직접 선을 그어 칸을 만들도록 합니다.

그리고 아이들에게 임무를 내려 줍니다. 이곳에 있는 다양한 색깔을 수집해 오라고요. 다양한 색의 나뭇잎도 좋고, 나뭇가지도 좋습니다. 초록색 계열만 모아도 좋고, 빨간색 계열만 모아도 좋습니다. 꽃, 나뭇가지, 흙 등 종류를 가리지 않고 다양한 색으로 수집해 와도 좋습니다. 포인트는 '와, 이 공간 안에 이렇게 다양한 색깔이 있구나!', '다 같은 갈색인 줄 알았는데 갈

색 안에도 다양한 갈색이 존재하는구나!'를 깨닫는 것입니다.

주의사항은 딱 하나, 싱싱한 나무줄기를 꺾거나 살아있는 나뭇잎이나 꽃잎을 떼면 안 된다는 것입니다. 바닥에 떨어진 것을 중심으로 색깔 수집을 하도록 합니다. 또 너무 많이 수집하지 않아도 됩니다. 바닥에 떨어진 나뭇잎 반쪽, 떨어진 꽃잎 귀퉁이 등을 손 코팅지에 붙여 오면 됩니다. 수집이 완료되면 다른 코팅지로 덮어 모은 색깔 자연물들이 흩어지지 않게 합니다.

그리고 A4용지로 나만의 책 표지를 만듭니다. 색깔 수집 그림책의 제목과 수집 날짜, 수집자 이름 등을 쓰고 그림을 그려도 됩니다. 나만의 독특한 제목을 만들어도 좋고, 그림책《이 색 다 바나나》를 변형하여 '이 색 다 운동장 흙', '이 색 다 가을 잎사귀', '이 색 다 나뭇가지'라고 제목을 지어도 좋습니다. 아이들이 이 그림책을 만들며 "선생님! 이런 색깔도 있어요!" 하고 보여줄 겁니다. 그때 금숟님의 리액션이 중요한 거 아시죠? "어머나, 이런 색깔도 있었구나!" 하고 화들짝 놀라는 것을 잊지 마세요.

그 림 책
예술놀이

초판 1쇄 발행 2022년 12월 1일

지은이 | 이지현

펴낸이 | 박현주
편집 | 김정화
관리 | 최정원
디자인 | 인앤아웃
인쇄 | 도담프린팅

펴낸 곳 | (주)아이씨티컴퍼니
출판 등록 | 제2021-000065호
주소 | 경기도 성남시 수정구 고등로3 현대지식산업센터 830호
전화 | 070-7623-7022
팩스 | 02-6280-7024
이메일 | book@soulhouse.co.kr

ISBN | 979-11-88915-71-2 03590

ⓒ 2022, 이지현

이 책은 저작권법에 따라 보호받는 저작물이므로 본사의 허락 없이는
무단 복제와 무단 전재를 금합니다.

잘못된 책은 구입하신 서점에서 바꾸어 드립니다.